말하기 고수들만 아는
대화의 기술

말하기 고수들만 아는 대화의 기술

펴낸날 2024년 8월 20일 1판 1쇄

지은이_기류 미노루
옮긴이_이경미
펴낸이_김영선
편집주간_이교숙
교정·교열_정아영, 나지원, 이라야
경영지원_최은정
디자인_바이텍스트
마케팅_신용천

발행처 ㈜다빈치하우스-미디어숲
출판브랜드 더페이지
주소 경기도 고양시 덕양구 청초로 66 덕은리버워크지산 B동 2007호~2009호
전화 (02) 323-7234
팩스 (02) 323-0253
홈페이지 www.mfbook.co.kr
출판등록번호 제 2-2767호
값 18,800원
ISBN 979-11-94156-00-0 (03190)

㈜다빈치하우스와 함께 새로운 문화를 선도할 참신한 원고를 기다립니다.
이메일 dhhard@naver.com (원고 투고)

말하기 고수들만 아는
대화의 기술

기류 미노루 지음
이경미 옮김

막힐 때마다
바로 써먹는
말하기 비법

The art of
conversation

더페이지

호감 가는 사람의 화법은
따로 있다

세상에는 어려운 말을 쉽게 설명하는 사람들이 있다. 상대가 누구든 간에 자신의 의견을 당당하게 말하는 사람들이 있다. 누구와도 금세 친해지는 사람들이 있다. 이 모두가 대화로 만든 성과다. 반면 대화 때문에 고민하는 사람도 있다.

'여러 가지 시도도 해 보는데 말하는 게 나아지지 않아.'
'초면인 사람과의 대화는 항상 어려워.'
'남들 앞에서 내 의견을 말하는 건 상상도 못 할 일이야.'

'말하는 게 어려운' 이유는 하나만은 아닐 것이다. 복합적인 문제가 얽혀있다. 예를 들어,

대화거리가 없다. + 긴장을 잘한다.

설명을 못 한다. + 질문을 못 한다.

낯을 가린다. + 말을 잘 못 듣는다.

사람들 앞에서 말을 못 한다. + 설득력이 약하다.

대화가 어려운 이유는 이처럼 다양하고 사람들의 특성에 따라서도 각기 다르다. 게다가 상황과 장소가 달라지면 고민도 달라진다. 따라서 이 책에서는 복잡한 문제를 단순하게 해결할 수 있는 구체적인 해결 방안을 총정리하였다.

나는 스피치 학원을 10년째 운영 중이다. 그동안 홋카이도에서 오키나와에 이르는 일본 전역에서 1만 회 이상의 강연회와 연수를 개최하며, 10만 명이 넘는 이들에게 솔루션을 제공해 왔다. 지금은 연간 2천 회 이상의 강연회 및 연수를 개최하고 있다. 이 책은 이처럼 수많은 강연회와 연수를 통해 얻은 노하우와 다양한 수강생들이 터득한 깨달음으로 독자들에게 중요한 이정표가 되어줄 것이다.

우리 강사들은 항상 비즈니스 현장에 나가 있다. 따라서 현장에서 이론만으로는 전혀 도움이 안 된다는 사실을 잘 안다. 따라서 이 책에서는 '잡담'부터 '초면에서의 대화법', '청중 앞에서 말하는 법',

'전달이 잘 되는 설명', '의견이 다른 사람과의 대화' 나아가 '상대방이 좋아하는 듣기 자세', '대화를 끌어내는 질문'에 이르기까지 애매한 표현은 모조리 걷어내고, 곧바로 적용할 수 있는 실제적인 방법만을 모았다. 대화가 막힐 때마다 이 책을 들춰보길 바란다. 이곳에 모든 해답이 있다!

  책을 읽기 전 '말하기 체크리스트'를 먼저 해 보기 바란다. 설문을 통해 자신이 취약한 부분이 무엇인지를 파악해 보고, 해당하는 부분부터 읽어 볼 것을 추천한다.

  이 책을 읽고 나면 당신은 아마 많은 사람 앞에서 당당하게 말하고, 누구와도 편안하게 대화를 즐길 수 있게 될 것이다. '이 한 권만 있으면 말하기와 관련된 고민은 평생 날려버릴 수 있다!' 당신에게 이 책이 그런 마법의 지팡이가 되어 주길 기원한다.

저자 기규 미노루

<말하기 체크리스트>

말하기에서 자신의 취약한 부분을 먼저 살펴보자.
다음 설문을 읽고 해당하는 곳에 체크해 보자.

A	
1. 무슨 말을 해야 할지 모르겠다.	
2. 대화가 이어지지 않는다.	
3. 대화가 끊기면 어색하다.	
4. 의미 없는 이야기는 바로 싫증 난다.	
5. '이런 말을 물어도 될까?' 하며 주저하게 된다.	
6. 나보다 나이가 많은 사람과의 대화가 어렵다.	
7. 대화가 처진다.	
8. 대화를 시작해도 대화가 오랫동안 이어지지 않는다.	
9. 그 자리의 분위기를 읽고 대화하는 게 어렵다.	
10. 싫어하는 사람이 있으면 자리를 피한다.	

B	
11. 낯을 가린다.	
12. 먼저 말을 거는 게 어렵다.	
13. 밝게 인사하는 편은 아니다.	
14. 눈을 보면서 말을 못 한다.	
15. 대화하다 보면 말이 막힌다.	
16. 남에 대한 경계심이 강한 편이다.	
17. 내 이야기가 지루할까 봐 고민한다.	
18. 평소에도 잘 웃지 않는다.	
19. '말 걸지 마' 기운을 풍길 때가 있다.	
20. 남에게 별 관심이 없다.	

C

21. 사람들 앞에서 말을 못 한다.	
22. 긴장감이 감도는 상황을 못 견딘다.	
23. 예상 밖의 일이 생기면 패닉에 빠진다.	
24. 먼저 손을 들고 발언하지 못한다.	
25. 긴장하면 손과 발이 떨린다.	
26. 당황하면 땀이 쏟아진다.	
27. 두근거리면 목소리가 막힌다.	
28. 평소에도 호흡이 짧은 편이다.	
29. 실패한 경험이 트라우마로 남아 있다.	
30. 오랫동안 울렁증을 앓고 있다.	

D

31. '그런데?'란 말을 자주 듣는다.	
32. 대화의 요점을 정리하기가 힘들다.	
33. 논리적인 대화가 어렵다.	
34. 상대방이 듣고 싶어 하는 이야기를 모르겠다.	
35. 질문을 받아도 답을 잘 못 하겠다.	
36. 갑자기 말을 시키면 아무 말도 못 하겠다.	
37. 같은 질문을 여러 번 반복한다.	
38. 대화의 내용이 추상적이다.	
39. 감정적인 대화가 많다.	
40. 돌려 말하는 경우가 많다.	

E	
41. 청자의 관심을 끌어내지 못한다.	
42. 이야기에 스토리가 부족하다.	
43. 전달하고자 하는 이야기가 명확하지 않다.	
44. 자신이 하고 싶은 말이 우선이다.	
45. 말에 감정이 없는 편이다.	
46. 인상 깊은 말을 잘 못 한다.	
47. 목소리에 자신이 없다.	
48. 말할 때 자세가 바르지 못하다.	
49. 무표정하게 말할 때가 많다.	
50. 늘 자신감이 없어 보인다.	

F	
51. 대화가 어긋나는 사람이 있다.	
52. 하고 싶은 말을 참는 경우가 많다.	
53. 고압적인 상대를 만나면 말을 못 한다.	
54. 상대방을 화나게 만들 때가 있다.	
55. 충분한 설명이 부족해 오해를 만들곤 한다.	
56. 상대방의 감정을 이해하지 못할 때가 있다.	
57. 기분이 나빠 보인다는 소리를 듣는다.	
58. 한 번 틀어진 사람과는 대화를 못 한다.	
59. 타협이 어렵다.	
60. 사과를 못 한다.	

G	
61. 상대방을 부정하는 버릇이 있다.	
62. 싫어하는 사람에게 말을 걸지 못한다.	
63. 혼자서만 끙끙대는 경우가 많다.	
64. 감정 표현이 어렵다.	
65. 가치관이 다른 사람과의 대화가 어렵다.	
66. 스트레스를 누르는 경우가 많다.	
67. 혼자가 좋다.	
68. 적을 잘 만든다.	
69. 캐릭터가 없다고 생각한다.	
70. 사람이 잘 떠나간다.	

H	
71. 팀의 사기를 높이고 싶다.	
72. 팀을 통솔하는 게 어렵다.	
73. 함께 목표를 달성하고 싶다.	
74. 감사의 표현이 서툴다.	
75. 자신의 마음을 잘 표현하지 못한다.	
76. 팀원에게 기대감이 없다.	
77. 나만의 에피소드를 말하지 못한다.	
78. 목표 수치만을 전달한다.	
79. 팀원의 마음을 모르겠다.	
80. 팀원이 따라주지 않을 때가 많다.	

I	
81. 관심 없는 이야기를 듣고 있기 힘들다.	
82. '내 말 듣고 있어?'라는 말을 자주 듣는다.	
83. 다른 사람 말을 듣는 게 피곤하다.	
84. 내 이야기를 많이 한다.	
85. 상대방의 이야기를 끊어 버릴 때가 있다.	
86. 상대방의 요구 사항을 잘 모르겠다.	
87. 무표정하게 이야기를 듣는 경우가 많다.	
88. 모르는 게 있어도 질문하지 못할 때가 있다.	
89. '미움받기 싫은 마음' 때문에 솔직하지 못할 때가 있다.	
90. 상대방의 진심을 듣지 못한다.	

J	
91. 상대방의 대화를 끌어내지 못한다.	
92. 질문이 취조처럼 돼버리곤 한다.	
93. 상대방이 하고 싶은 말이 뭔지 모르겠다.	
94. 질문을 못 듣는 경우가 있다.	
95. 연장자에게는 위축돼 질문을 못 한다.	
96. 질문하면 혼날까 봐 걱정된다.	
97. 질문할 내용을 깜빡해 버리는 경우가 있다.	
98. 나에 관한 질문이 싫다.	
99. 상대방의 능력을 끌어내는 질문을 못 한다.	
100. 자신에게 부정적인 말을 하게 된다.	

A~J의 각 카테고리에서 몇 개가 체크되었는지 합산해 보자.
체크가 많은 카테고리가 당신의 취약한 부분이다. 그 부분을 중점적으로 채워가자.

A	( )개	→ 1장으로
B	( )개	→ 2장으로
C	( )개	→ 3장으로
D	( )개	→ 4장으로
E	( )개	→ 5장으로
F	( )개	→ 6장으로
G	( )개	→ 7장으로
H	( )개	→ 8장으로
I	( )개	→ 9장으로
J	( )개	→ 10장으로

제1장 호감도가 저절로 높아지는 '잡담'의 법칙

제2장 낯을 가리는 사람도 문제없는 '초면 토크법'

The art of conversation

The art of conversation

호감도가 저절로 높아지는
'잡담'의 법칙

제장

The art of
conversation

적절한 타이밍을 포착해 대화의 포문을 여는 법

잡담을 잘하는 사람은 ☐ 을 계기로 대화를 시작한다.

함께 나누는 대화가 왠지 즐거운 사람이 주변에 있다면 한번 떠올려 보자. 그 사람은 친구일 수도, 직장 동료, 아니면 선배일 수도 있다. 어느새 빗장을 열고 시간 가는 줄 모른 채 대화하게 만드는 그런 사람. 나도 모르게 이런저런 대화를 하고 있다면, 상대방은 당신에게 수많은 '그것'을 하고 있을 것이다.

"요즘 일은 어때?"

"쉬는 날은 있어?"

"어머! 그랬구나. 괜찮아?"

"우와~ 대단하다. 그래서 어떻게 됐어?"

그렇다. 바로 '질문'이다. **함께 나누는 대화가 즐거운 사람은 이처럼 적절한 타이밍에 당신이 하고 싶은 이야기를 콕 집어 질문해 주고 있을 것이다.** 우리는 질문을 받으면 답변을 하게 되고, 그러다 보면 점점 말할 기회를 얻게 된다. 이런 과정들이 사람들에게 쾌감을 주게 된다.

이를 뒷받침하는 유명한 연구 결과가 있다. 2012년 하버드대학 제이슨 미첼Jason Mitchell 교수가 MRI를 이용해 피험자의 뇌를 관찰한 결과, '본인의 이야기를 하고 있을 때 돈, 음식, 섹스와 동일하게 쾌락 신경호르몬인 도파민을 분비시키는 시스템이 활성화되는 것을 알 수 있었다'라고 발표했다.

다시 말해 **자신의 이야기를 하는 행위가 음식을 먹을 때나 돈을 받을 때와 마찬가지로 쾌감을 준다**는 것이다. 실제로 상대방이 내 이야기를 들어줄 때면 내 존재가 이해받고 있다는 느낌이 들어 기분이 매우 좋아진다. **인간이란 본질적으로 자신의 이야기를 들려주고 싶은 욕구가 강한 생명체다.**

이러한 것들을 비춰 볼 때 대화를 시작하는 계기는 재미있는 이야기를 들려주는 것도, 흥미로운 화제를 제공하는 것도 아닌 '질문'

을 던지는 것이라 할 수 있다.

처음 만난 사람과의 대화라면,

"처음 뵙겠습니다." + "이 카페엔 자주 오시나요?"

"안녕하세요!" + "회사가 가까우신가요?"

"만나 뵙게 되어 반갑습니다." + "비행은 힘들지 않으셨나요?"

직장이라면,

"좋은 아침!" + "요즘 많이 바쁜가 봐?"

"안녕하세요!" + "○○기획은 순조롭게 진행 중인가요?"

"수고하셨습니다." + "부장님, 오늘은 회의의 연속이시네요."

고객사를 방문했다면,

"안녕하십니까!" + "어? 입구 분위기가 바뀌었군요?"

"오늘도 잘 부탁드립니다." + "그나저나 엄청난 속도로 신상품을
발표하셨네요?"

"오랜만에 뵙습니다." + "그동안 어떻게 지내셨어요?"

이처럼 짧은 질문 하나를 추가하는 것만으로도 대화를 넓혀가는
계기가 된다.

대화가 잘되는 상대는 '말을 잘하는 사람'이 아닌 '대화하기 편한 사람'이며, 대화가 편한 사람은 나에게 질문을 잘 던져주는 사람인 것이다. 사소한 질문이 양질의 커뮤니케이션을 만드는 계기가 된다.

잡담을 잘하는 사람은 질문 **을 계기로 대화를 시작한다.**

> ## 대화가 끊기지 않는 '화제'를 찾는 법은 의외로 쉽다
>
> **2**

잡담을 잘하는 사람은 [   ]의 것을 화제로 삼는다.

학창 시절, 분식집에서 친구들과 즐겁게 수다를 떨었던 기억은 남아 있어도, 그 내용은 기억나지 않을 것이다. 친한 동료와 점심을 같이 먹었을 때도, 오랜 친구와 술을 마셨을 때도, 즐거운 시간을 함께 보낸 기억은 있지만 시답지 않은 대화 내용은 가물가물하다. 이는 잡담은 대화의 '내용'보다 즐거웠던 '감정'이 우선되기 때문이다.

나는 스피치 학원을 운영하다 보니, 지금까지 '잡담의 어려움'을 호소하는 수많은 분을 만나왔다. 그러면서 깨달은 것이 있다. **대화**

가 끊기는 사람들의 공통점은 대화의 '내용'에 중점을 둔다는 것이다. 언제나 '무슨 말을 하지?', '딱히 말할 거리가 없네', '이런 말을 해도 되나?' 등 화젯거리를 찾으려고 필사적이다. 결론부터 말하자면 **잡담은 화젯거리를 찾지 않아도 된다. 눈앞의 것들을 '언급'하는 것만으로 충분**하다.

카페에서 미팅을 한다면,

"이 가게는 항상 붐비네요."

"공간이 넓어서 쾌적하고 좋아요."

"○○ 씨는 겨울에도 아이스커피네요."

이처럼 눈앞에 있는 정보를 건드려 주는 것만으로도 대화를 시작할 수 있다. 무슨 말을 해야 하나? 심각한 얼굴로 고민할 필요가 없다. 눈앞에 정보들이 수두룩하다.

회사에서 엘리베이터를 기다리는데 선배와 딱 마주치게 되었다면,

"안녕하세요. 오늘은 줄이 기네요."

"바로 옆 승강기가 점검 중이래요."

"슬슬 더워지니 반소매 입은 사람이 많아졌어요."

만나자마자 당황하며 '뭐라도 말을 해야 하는데….'라고 고민하다 보면 말문은 막히게 된다. 대화 내용에 집착하느라 시야가 좁아지기 때문이다.

시야를 넓혀보자. **눈앞에 대화거리는 한가득** 널려 있다.

전철을 탔다면,

"스마트폰을 보는 사람들이 참 많아요."

"고개를 숙이는 자세가 목 디스크를 유발한다고 하던데…."

"요즘 저는 전철에서 스마트폰을 안 하려고 노력 중이에요."

식사하는 자리라면,

"여기는 분위기가 정갈해서 좋아요."

"생선살이 어쩌면 이렇게 부드럽죠? 신선한 재료를 쓰나 봐요."

"이곳이 맛집인 이유가 있네요."

이처럼 음식점의 분위기나 눈앞에 있는 음료나 요리에 관한 이야기를 하면 된다. 화제는 이미 눈앞에 존재한다. 그러므로 당신이 해야 하는 일은 많이 '관찰'하는 것이다.

• 눈앞에 무엇이 보이는가?

- 그 장소에 무엇이 있는가?

- 그곳에서 무엇을 느꼈는가?

　화제를 '찾아내는' 것이 아닌 눈앞의 정보를 '다루는' 느낌으로 잡담을 시도해 보자. 더욱 자연스럽게 대화를 시작하고 화제를 넓혀가는 방법이 될 것이다.

잡담을 잘하는 사람은 ⎡ 눈앞 ⎤ 의 것을 화제로 삼는다.

대화가 끊겼을 때의
구체적인 대응책

잡담을 잘하는 사람은 앞서 나누던 대화에서 ☐ 한다.

대화하는 도중에 이야기가 뚝 끊기는 경우가 있다. 할 말이 없어져 순식간에 침묵이 찾아오는 순간, 어색한 그 시간이 공포처럼 느껴지기도 한다. 지금부터는 대화가 끊겼을 때의 구체적인 대응책을 살펴보고자 한다.

대화가 순간 끊겼을 때, 화제를 찾으려고 필사적으로 애쓰는 것은 최악의 방법이다. 초조함이 고스란히 상대방에게 전달돼 불편한 분위기가 형성될 수 있다.

우선 차분하게 '생긋' 웃어 보이며 여유 있는 태도를 유지하자.

그렇지만 긴 침묵으로 어색한 기류가 더 짙어지기 전에 대화를 재개할 계기는 필요하다.

그렇다면 화제를 어떻게 찾아야 할까? 대화가 끊겼다는 것은 바로 직전까지는 대화를 나누고 있었다는 뜻이다. 즉, **직전에 나눈 대화에서 '화제를 픽업(연결고리)'하는 것이** 자연스럽게 대화를 다시 시작하는 가장 쉬운 방법이 될 수 있다.

주로 이럴 때 대화가 끊기게 된다.

"요즘 정말 더워요." → "맞아요." (침묵)

"지난달부터 헬스장에 다니기 시작했어요." → "그러셨어요." (침묵)

"한의원에서 침을 맞았는데 꽤 효과가 좋았어요." → "그렇군요." (침묵)

대화가 끊겼다면 다시 대화 내용을 꼼꼼히 살펴보자. 잘 보면 픽업할 수 있는 여러 단어를 발견할 수 있을 것이다.

'요즘 정말 더워요'는 '요즘'과 '덥다'로 구성되어 있다.

'요즘'을 픽업하면 "요즘은 입맛이 통 없어요…."

'덥다'를 픽업하면 "너무 더워요. 35℃까지 오른다고 해요."

이처럼 앞서 나온 대화의 소재를 활용하면 대화를 재개할 수 있다.

'지난달부터 헬스장에 다니기 시작했어요'는 '지난달', '헬스장', '다니다'로 구성되어 있다.

'지난달'을 픽업하면, "지난달부터요? 한 달에 몇 번씩 나가시나요?"

'헬스장'을 픽업하면, "헬스장에서는 본격적인 기구도 사용하시나요?"

'다니다'를 픽업하면, "다니신다고 하니 저도 생각이 났는데, 최근에 속독 트레이닝을 시작했어요."

잡담인 만큼 맥락의 정합성은 크게 신경 쓰지 않아도 된다. 그보다는 자연스러운 흐름과 편안함이 중요하다.

'한의원에서 침을 맞았는데, 꽤 효과가 좋았어요.'는 '한의원', '침', '맞다', '꽤', '효과' 등 픽업할 수 있는 단어가 여러 개다.

'어느 한의원에 다니시나요?', '침 맞는 거 아프지 않으세요?', '한번 맞으면 효과가 얼마나 지속되나요?', '효과가 좋으셨군요. 저도 도수치료를 자주 받고 있어요.' 등 어떤 단어를 픽업해도 대화를 이어갈 수 있다.

앞서 나눈 대화에서 이야기를 이어갈 수 있는 소재들을 얼마든지

찾을 수 있다. 그러니 침묵의 시간이 급습한다 하더라도 차분하게 우아함을 잃지 않도록 하자. 앞서 나눈 대화들을 점검해 단어를 픽업하면 쉽게 대화를 다시 시작할 수 있다.

잡담을 잘하는 사람은 앞서 나누던 대화에서 픽업 한다.

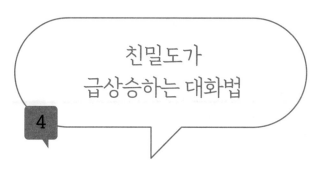

친밀도가
급상승하는 대화법

4

잡담을 잘하는 사람은 ⬚ **+물음표로 호감도를 크게 높인다.**

앞에서 잡담할 때 질문이 얼마나 중요한지를 살펴보았다. 그런데 '질문만 하는 건 왠지 심문 같지 않나'라는 생각이 들었을지도 모른다. 실제로 '고향이 어디예요?', '특산물은 뭐예요?', '고향에 가끔 가시나요?', '부모님은요?'와 같이 질문을 계속해서 던지는 건 경찰관에게 취조당하는 느낌을 줄 수 있다. 특히 대화의 주제가 평소의 관심사라면 질문을 끝도 없이 하게 된다. 예를 들면 이런 식이다.

A: "제가 지난달에 수술을 받았어요."

B: "무슨 수술인가요?"

A: "위궤양을 앓았어요."

B: "어쩌다 위궤양에 걸리셨어요?" (나도 위가 안 좋은데.)

A: "술이 원인이지 싶어요." (어쩌면 나도?)

B: "매일 음주를 하셨나요?"

A: "네, 거의 매일이요."

B: "하루에 얼마나 드셨어요?" (왠지 나도 걱정이네.)

대화 자체는 이어지고 있지만, 쉼 없이 질문을 받아야 하는 상대방의 입장은 썩 유쾌하지 않을 것이다. 질문만 받고 정작 본인이 하고 싶은 말은 하지 못하고 있는 상황이다.

B는 자신이 관심 있던 주제이다 보니 상대방의 이야기는 제쳐두고 이것저것 물어보고 싶어지기 마련이다. 이럴 때는 **질문(물음표) 앞에 한마디, '피드백'**을 넣어 보자.

"아니, 수술이요? 고생이 정말 많으셨네요. (피드백) 무슨 수술을 받으신 거예요?"

"위궤양이셨군요. 너무 힘드셨겠어요. (피드백) 그런데 어쩌다 위궤양에 걸리신 거예요?"

"술을 끊는다는 건 참 쉽지 않죠. (피드백) 그런데 얼마나 많이 드셨어요?"

이처럼 상대방의 말 다음에 한마디 피드백을 보내는 것이다. 그 것이 **상대방에게는 '당신의 이야기를 잘 경청하고 있다'**는 신호가 된다. 그는 자신의 말을 잘 받아주었으므로 당신의 다음 질문에도 흔쾌히 대답하고 싶어질 것이다. 이것이 바로 호감 가는 사람의 대화법이다.

"고향이 어디세요?"라는 질문에 대해 상대방이 "아키타秋田입니다."라고 답했다면 다음과 같은 한마디 피드백이 가능하다.

> "아키타 출신이시군요. 맛있는 음식이 참 많은 곳이에요." (피드백)
> "한번 가본 적 있어요. 정말 좋은 곳이었어요." (피드백)
> "온천이 유명하죠." (피드백)

영업 업무로 거래처 매장을 방문한 경우, '매장 인테리어를 바꿔 봤어요'라는 말에 '뭔가 새로운 기획을 시작하실 건가요?'라는 질문을 바로 던지게 되면 심문하는 듯한 느낌을 줄 수 있다. 이럴 땐 질문 전에 피드백을 넣는 것이다.

"분위기가 아주 밝아졌어요." (피드백)

"입구에 있는 상품들이 눈에 잘 들어와요." (피드백)

"예전보다 넓어 보여요." (피드백)

그러면 "네, 맞아요. 실은…." 하면서 상대방이 뭔가 이야기를 시작할 것이다. 그 뒤에 본인이 '묻고' 싶었던 질문을 하면 된다.

이처럼 피드백이 있는 것만으로도 상대방의 마음은 밝아진다. 내 이야기를 받아주었다는 느낌이 확실하게 들기 때문이다. 이와 같은 작은 노력 하나가 상대방과의 관계를 발전시켜 준다.

잡담을 잘하는 사람은 피드백 **+물음표로 호감도를 크게 높인다.**

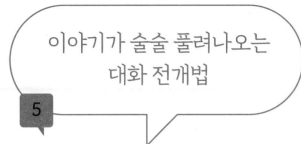

이야기가 술술 풀려나오는
대화 전개법

5

잡담을 잘하는 사람은 자연스러운 [   ]로 화기애애한 대화를 만든다.

즐거운 대화였다면 '시간이 빨리 갔네', '벌써 시간이 이렇게 됐어'라는 생각이 들기 마련이다. 이런 대화 분위기를 만들려면 '최대한 상대방이 기분 좋게 대화를 할 수 있도록 만드는 것'이 중요하다.

주변에는 상대방의 말을 잘 끌어내는 천재적인 커뮤니케이터가 존재한다. 마치 플로우Flow(눈앞의 일에 완전히 몰두함) 상태에 들어간 것처럼 그들은 술술 이야기를 꺼내놓게 만든다.

이렇게 말하면 엄청난 필살기가 있을 법하지만, 그런 건 없다. 오히려 반대다.

사용하는 건 **자연스러운 '접속 단어'**다. 배구에서 공을 토스하듯, 다음 대화로 이어 주는 접속 단어를 구사하여 상대방이 편하게 말할 수 있도록 대화를 진전시키는 것이다.

접속 단어란 다음과 같은 것들이다.

'그래서', '그리고 나서' (넌지시 이야기를 이어 주는 단어)

'그 말은 즉', '구체적으로는' (구체화하여 이야기를 이어 주는 단어)

'그런데 말이야', '왜' (전개를 만들어 이야기를 이어 주는 단어)

자녀에게 오늘 일과를 물어볼 때,

"우와~ 그랬구나. 그래서?"

"그러고는?"

직장에서 동료의 고민을 들어줄 때,

"그런 일이 있었구나. 그래서?"

"너무 힘들었겠다. 그래서 어떻게 할 거야?"

말을 잘 들어 주는 사람은 자연스럽게 이야기를 이어 주는 단어를 삽입하여 대화를 발전시켜 간다.

직장에서 스몰토크를 할 때,

"그 말은 즉, 골프를 1년 만에 치셨다는 건가요?"

"그 아로마 테라피, 구체적으로 어떤 느낌이에요?"

고객과 잡담을 할 때,

"그런데, 5시에 일어나실 때 알람 시계의 도움은 안 받는 거예요?"

"식품첨가물을 전혀 안 드시는군요. 어떻게 그게 가능하죠?"

'접속 단어' 또한 앞쪽에서 언급했던 '피드백'과 마찬가지로 사소한 말 한마디가 중요한 역할을 한다. 살짝 친 양념이 감칠맛을 좌우하는 것처럼.

다음은 상대방이 기분 좋게 이야기하게 만들고 싶다면 이렇게 해보자.

① 상대방의 속도로,

② 상대방이 하고 싶은 이야기를,

③ 상대방이 결정한다.

본인이 이야기 전개를 억지로 만들지 말아야 하고, 이야기를 중간에 끊지도 말며, 상대방의 이야기를 토대로 대화를 자연스럽게 이어줘야 한다. 또한 자연스러운 접속 단어로 화기애애한 대화 분위기를 만드는 것이 의외로 단순해 보이지만, 대화를 주의 깊게 듣지 않으면 다음 이야기를 부드럽게 이어갈 수가 없다. 그 속에는 '상대방 대화에 집중'해야 한다는 중요한 비결이 숨어 있다. 대화는 상대방 중심으로 설계할 때 잘 되는 것이다.

잡담을 잘하는 사람은 자연스러운 접속사 **로 화기애애한 대화를 만든다.**

> ## 잡담에서 본론으로 들어갈 타이밍 찾기
>
> **6**

잡담을 잘하는 사람은 대화와 대화 사이에 [   ]를 사용한다.

잡담이 무르익을수록 막상 본론으로 들어갈 타이밍을 찾기가 힘들어진다. 이때 맥락도 없이 "잡담은 이제 그만하고 본론으로 넘어가시죠."라는 말을 해 버린다면 지금까지 좋았던 분위기는 와장창 깨지고 말 것이다. 그러면 갑자기 긴장감이 감도는 분위기로 전환될 수도 있다.

강의 중 이런 질문을 자주 받곤 한다. "잡담을 하다가 본론으로 넘어가는 방법을 모르겠어요.", "본회의 중간에 가벼운 잡담을 곁들이고 싶은데 어떻게 해야 하나요?", "본회의 종료 후에 약간의 잡담으로 마무리하려면 어떻게 해야 하나요?" 등의 질문이다.

- 잡담에서 본론으로 자연스럽게 넘어가기
- 중간에 자연스러운 잡담 곁들이기
- 자연스럽게 잡담으로 마무리하기

이를 구현하려면 대화와 대화 사이에 '쿠션 용어(상대방에게 곤란하거나 거부감을 줄 수 있는 이야기를 전할 때 내용을 완충하기 위해 쓰는 용어 -옮긴이)'를 넣어야 한다.

〈초반〉 잡담에서 본론으로 자연스럽게 넘어가는 장면

"이번 달이 성수기 시즌인가 봐요. 바빠 보여요."라고 잡담을 한 뒤에,

"이렇게 바쁘신 상황도 감안해서, 오늘은 업무 효율화를 위한 방안을 가지고 왔습니다."라고 본론으로 들어간다.

"매일 같이 야근해야 한다니 많이 힘들겠네."라고 잡담을 한 뒤에,

"마침 잘됐다. 그럼 스트레스 풀게 주말에 밥 먹으러 갈까?"라고 정말 하고 싶었던 이야기를 꺼낸다.

그것도 감안해서/그런 ○○ 씨에게/그런 상황도 반영해서/마침 잘됐다

본회의에 들어가기 전에 이런 문구들을 쿠션 용어로 한마디씩 넣어 주면, 분위기가 갑자기 전환되는 어색함이 사라져 자연스럽게 다음으로 넘어가게 된다.

포인트는 전후 맥락을 크게 신경 쓰지 말라는 것이다. "마침 잘됐다니 대체 뭐가 잘됐다는 거예요?"라고 되묻는 일은 거의 없을 것이다. 잡담은 대화의 흐름이나 분위기가 더 중요하다.

〈중반〉 본회의 진행 중 자연스럽게 잡담을 곁들이는 장면

"그리고 보니, 최근 헬스장에는 나가시나요?"

"이건 여담인데요, 그 상품 지금 캠페인 중이래요."

이런 방식도 '지금부터 잠시 잡담을 하겠다'는 쿠션 용어다. '본론에서 조금 노선을 틀게요'라는 신호도 없이 갑자기 잡담을 시작해 버리면 '어라? 갑자기 무슨 소리지?'가 될 수 있다.

잡담이 너무 길어질 것 같으면, "죄송합니다. 삼천포로 너무 빠져버렸어요. 본론으로 돌아가겠습니다."라고 말한 후 돌아가면 된다.

〈후반〉 본회의를 마치고 자연스러운 잡담으로 마무리하는 장면

"오늘은 여기까지 하겠습니다.", "오늘은 이것으로 마치겠습니다."라고 먼저 본회의를 확실하게 마무리 짓는다. 그 후에 쿠션 용어를 넣는다.

"그런데 요즘 휴일에 제대로 쉬고 계시는가요?"

"그나저나 ○○부장님은 왜 그렇게 체력이 좋으신 거예요?"

본회의가 끝나면 안도감과 함께 긴장감이 풀리는데, 그럴 때 짤막한 1~2분 정도의 잡담을 곁들인다. 방금까지 금전 문제로 험악한 표정을 짓고 있던 사람도, 협상의 난항으로 기분이 언짢았던 사람도 조금은 얼굴이 부드러워질 것이다.

마무리로 가벼운 잡담을 하는 것만으로도 당신에 대한 이미지는 크게 달라진다.

자연스러운 쿠션 용어로 대화를 유도하자. 처음에는 익숙하지 않아 어색하더라도, 자주 쓰는 쿠션 용어를 한두 개 정도 만들어 놓고 익히다 보면 점점 자연스럽게 써먹을 기회가 많아질 것이다.

잡담을 잘하는 사람은 대화와 대화 사이에 쿠션 용어 를 사용한다.

대화의 나락으로 추락하지 않는 이미지 관리법

7

잡담을 잘하는 사람은 감정을 [   ]화 한다.

당신은 감정 표현을 잘하는 사람인가? '서툴다'고 답한 사람이 많을지도 모르겠다. 인터넷에서 '감정 표현이 서툴다'를 검색하면 1,000만 건 이상의 기사가 올라와 있다. 그만큼 고민하는 사람이 많다는 뜻이다. 나는 10년 동안 말하기와 관련된 강연회를 1만 회 넘게 해왔는데, "저는 감정 표현을 질해요."라고 말하는 사람을 본 적이 없다.

감정을 전달해야만 하는 '상대'와 '장소'가 있다. 그 '상대'가 친구일 수도 있고, 직장 동료일 수도, 호감을 느끼고 있는 사람일 수도 있다. '장소'는 여럿이서 담소를 나누는 곳일 수도 있고, 회사 미팅에서 아이스 브레이킹을 하는 곳일 수도 있다.

대화 중에 즐거운지, 지루한지 알 수 없는 표정의 사람이나 대화를 하면서도 무표정하게 핸드폰을 만지작거리는 사람들은 상대방에게 감정을 전달하지 않기에 마음이 불편해지기도 한다. 딱히 그럴 의도는 아니겠지만 '지루해 보인다', '즐겁지 않아 보인다'라고 상대방을 오해하게끔 만드는 것이다.

이때 무표정과 무반응은 아무런 정보를 내보내지 않는 것이 아니다. **'무無의 감정'이라는 상태를 상대에게 표출하는 것**이다. 그러니 이를 조심해야 한다. 내 이미지가 제로가 아닌 마이너스로 추락할 수 있기 때문이다. 지금부터는 조금씩 감정을 표현하는 연습을 해보길 바란다.

연습 방법은 **감정의 '언어화'**다. 영어는 '놀람'이란 'Wow!(와우)', 'Oh!(오)', 'What!(뭐라고!)' 등이 있고, 일이 잘됐을 때는 'Yes!', 성취감을 느꼈을 때는 'Yay!' 등 감정 표현이 매우 다양하다.

이처럼 우리도 느낀 감정을 언어로 표현해 보자.

'그거 재밌어 보이네요', '정말 기쁘네요!', '두근거려요!', '최고예요!', '우와~멋있어!', '와 대단해요!', '뭐야 그거, 엄청나다!'

본인의 이야기를 전달할 때도 정확하게 표현하자.

'정말 즐거웠습니다', '최고로 좋았어요', '몹시 감동적이었습니다' 이런 표현을 할 때의 나의 표정은 어떨까? 무표정일까? 아마 밝은 표정을 짓고 있을 것이다. 오히려 무표정하게 '두근거려요!'라는 말을 하기가 어렵다. 애써 웃으려 하지 않아도 **'표현'을 바꾸면 '표정'이 변하는 것**을 알 수 있다.

감정 표현이 서툰 사람이라도 감정이 없는 것은 아니다. 그저 '감정'을 '언어'로 바꾸는 습관이 안 된 것뿐이다. 감정이란 눈에 보이지 않기에 알아차리기가 힘들다. 시험 삼아 '발바닥'을 의식해 보자. 아마 발바닥의 촉감이 느껴질 것이다. '의식'을 했기 때문이다. 의식하면 '정보'가 들어온다. 그와 마찬가지로 **감정에 의식을 집중하면 감정을 알아차리게** 된다.

감정을 연출하는 방법, 바로 그것이 '감정의 언어화'다.

우선은 '즐겁다', '기쁘다'와 같이 간단한 말들을 입 밖으로 뱉어 보자. 그러다 보면 서서히 자신의 감정을 깨닫게 되고, 감정을 표현하는 말들이 늘어날 것이다.

잡담을 잘하는 사람은 감정을   언어   화 한다.

낯을 가리는 사람도 문제없는 '초면 토크법'

제2장

The art of
conversation

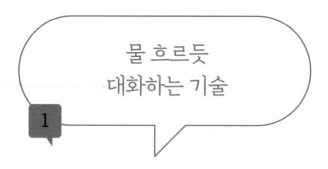

물 흐르듯
대화하는 기술

1

초면인데도 대화를 잘하는 사람은 먼저 [   ]를 한다.

커뮤니케이션에 대해 고민하는 사람들이 정말 많다. 마이나비 뉴스(일본의 마이나비주식회사가 운영하는 종합정보 뉴스사이트-옮긴이)가 500명을 대상으로 실시한 조사에 따르면, '자신에게 커뮤니케이션 능력이 있다고 생각하는가?'라는 질문에 '아니다'라고 응답한 사람이 무려 72.4%에 달했다. 우리 학원 수강생 중에서도 '서툰 커뮤니케이션'으로 고민하는 사람들이 많은데 그중에서도 압도적으로 높은 비율을 차지하는 이들은 '낯을 가려 먼저 말을 거는 것이 어렵다'고 호소하는 케이스다. 특히 낯을 가리는 사람들이 가장 힘들어

하는 것은 '처음 만난 사람'과의 대화이다.

따라서 이번 장에서는 절대로 미움을 사지 않는, 누구에게나 할 수 있는, '매우 쉽고 자연스럽게 말을 걸 수 있는 팁'을 소개하겠다.

바로 **'인사'**다. '고작 인사라니' 싶을 수도 있겠지만, 설명을 조금 더 해 보겠다.

일반적으로 "좋은 아침입니다!"라는 인사를 받고 기분 나빠할 사람은 없다. "안녕하세요. 날씨가 참 좋아요!"라는 말을 듣고 발끈하는 사람은 없을 것이다. 영업자가 "이 상품 좀 사 주세요."라고 하면 정색하고 피하겠지만, "안녕하세요. 만나 뵙게 되어 영광입니다!"라는 인사를 받고 불쾌해지는 사람은 없다. **자연스럽게 말 걸기에 인사만큼 적절한 것도 없다.**

인사 정도야 기본이지 싶겠지만, 그 당연한 것이 잘 안 될 때가 있다. 예를 들어 30명 정도의 모임 자리에 가보면, 커뮤니케이션에 능한 사람과 서툰 사람의 차이가 극명하게 드러난다. 먼저 말을 걸며 인사를 나누는 사람들은 커뮤니케이션에 능한 사람들이다. 서툰 사람들은 말을 걸어 주기만을 기다린다. 손에 들고 있는 자료나 팸플릿을 보면서 우물쭈물하거나, 스마트폰을 만지작거리며 다른 사람들과의 아이 컨택을 피하는 경우도 있다. 안면이 있는 사람과 마주쳤을 때도 커뮤니케이션에 능한 사람과 서툰 사람의 행동은 극명하게 갈린다.

"지난번에는 감사했습니다!"라고 먼저 다가와서 인사하는 사람은 커뮤니케이션에 능한 사람이다. 서툰 사람은 '날 기억하지 못할 거야.'라는 생각에 다가가지 못한다. 또한 늘 해오던 인사임에도, 장소나 사람이 바뀌면 갑자기 어려워진다. '인사 정도야 당연한 것'이라고 과신해서는 안 되는 이유다. 먼저 인사를 하는 행위에는 의외로 '용기'가 필요하다.

인사를 먼저 할 수 있게 되려면 무엇부터 시작해야 할까? 서툰 일에 도전하려 할 때 수강생들에게 내가 반드시 권유하는 것이 있다. 바로 **'쪼개기'** 작업이다.

많은 사람이 모인 자리에 참석한 경우라면, 먼저 얼굴을 드는 연습부터 시작해 보자. 얼굴을 들게 되었다면 그다음은 환하게 웃어 본다. 생긋생긋 웃는 것이 어색하지 않다면 그다음은 누군가와 아이 컨택을 해 본다. 아이 컨택이 괜찮았다면 이번에는 가볍게 목례를 해 본다. 이런 방식으로 행동을 잘게 쪼개어 최소 단위부터 실행한다. 이런 실행이 어느 순간 사람들과의 커뮤니케이션에 익숙해지고, 어느새 자연스럽게 인사를 할 수 있게 된다.

연애를 할 때도 이성과의 대화가 어렵다고 느끼는 사람은 먼저 사내 이성 직원들과의 대화에 익숙해져 보자. 그것이 어렵다면 사내 동성 직원과의 대화부터 시작해 보고, 그것도 어렵다면 말을 걸고 싶어지도록 거울 앞에서 웃는 얼굴을 연습해 보자.

행동을 잘게 쪼개면 실행할 수 있다. 실행하면 자신감이 붙는다. 자신감이 붙으면 다음 단계, 그다음 단계를 도전할 수 있게 된다. 그렇게 최종 단계를 목표로 나아가는 것이다. 나는 이 비법을 **'1/100 행동요법'**이라 부른다. 1/100 정도로 잘게 쪼개어 하나씩 부딪쳐 보는 것이다.

먼저 인사를 건넬 수 있게 되면 대화는 저절로 가능해진다. 인간관계도 확장되어 인생의 풍경도 달라지기 시작할 것이다.

초면인데도 대화를 잘하는 사람은 먼저 인사 를 한다.

10초 만에 상대방의 마음을 여는 법

2

초면인데도 대화를 잘하는 사람은 만나자마자 [　　　]을 한다.

만나자마자 상대방의 마음을 연다는 게 가능할까? 이 답변을 하기 전에 '마음을 열다'란 무엇인지 정의부터 내려야 할 것 같다.

이번 장이 낯을 가려도 문제없는 '초면 토크'인만큼, '마음을 열다' = '이야기를 더 하고 싶은 마음의 상태'라고 정의하겠다. '마음을 열다'의 반대는 마음을 닫은 상태다. 이를 심리학에서는 '멘탈블록(정신적 장벽-옮긴이)'이라고 한다. 이 블록을 없앤 상태가 마음을 연 상태다. 블록이 없는 사람을 만났을 때 사람들은 더 많은 대화가 하고 싶어진다.

하지만 '만나자마자 마음을 연다는 게 가능해?'라는 의문이 들 것이다. 결론부터 말하면 가능하다. 이를 가능하게 하는 것이 '유사성類似性'이라는 심리다. 유사성과 관련한 심리실험이 많이 진행되고 있는데, 요약하면 비록 처음 만난 사람이더라도 '동문' 등과 같이 어떠한 공통점을 찾게 되면 심리적 거리는 단숨에 좁혀진다는 것이다. 하지만 만나자마자 공통점을 발견하기란 쉽지 않은 일이다. 따라서 **상대방의 말하는 속도, 목소리 톤, 표정, 몸짓과 같은 언어 외적인 '비언어적 부분'을 유사하게 맞출 필요**가 있다.

말하는 속도가 빠른 사람이 있고, 느린 사람이 있다.
목소리의 톤이 높은 사람이 있고, 낮은 사람이 있다.
언제나 웃는 표정의 사람이 있고, 표정이 굳어 있는 사람이 있다.
동작이 큰 사람이 있고, 작은 사람이 있다.

상대방과 대화를 나누는 처음 10초 동안 상대방의 비언어적 부분을 파악하여, 최대한 그에게 맞추도록 하자. 만나자마자 '이 사람은 느긋한 성격의 사람이다' 또는 '에너지가 많은 사람이다' 아니면 '사람들과의 대화를 좋아하는구나' 등 어느 정도는 파악이 될 것이다. 물론 나중에 생각이 바뀌는 일도 있겠지만, 일반적으로 첫 만남에서 상대방의 특징이 비언어적 부분에 의해 드러나기 마련이다.

조곤조곤 말하는 사람에게 속사포처럼 말을 쏟아내면 마음을 열기는 고사하고, 바로 차단해 버릴 것이다. 점잖은 사람에게 '안녕하세요!'라고 우렁찬 목소리로 인사를 하면 눈살을 찌푸릴지도 모른다. 반대의 경우도 마찬가지다. 매우 활발한 사람에게 눈치를 보며 소심하게 인사를 건네면 그 또한 기피 대상으로 여겨질 수 있다.

좋고, 싫고를 떠나 '상대방'에게 맞추는 것이 관건이다. 왜냐하면 **그래야만 '유사성'이 작동되기 때문이다. 사람은 비슷한 상대에게 마음을 연다.** 다양한 동아리와 커뮤니티를 들여다봐도 비슷한 외모와 분위기, 비슷한 성격의 사람들이 모여 있는 경우가 많다. 유사성은 마음을 편하게 한다. 그래서 무조건적으로 마음의 문을 열게 된다.

상대방을 파악하지 않은 채 '우선 활발하게', '인사는 무조건 큰소리로', '동작을 크게 하면서 대화하기' 등을 실행해 버리면 상대방은 깜짝 놀랄 수도 있다. 따라서 처음 10초 동안은 상대를 관찰해야 한다. 그리고 나서 상대방 페이스에 맞춰간다. 이렇게 하면 상대방은 본능적으로 '유사한 사람', '비슷한 부류'로 판단하고, 대화를 계속하고자 한다.

이처럼 처음 만난 10초 동안에 상대방과의 친밀도가 결정된다. 우선 상대방 스타일을 파악하는 일에 집중하자.

초면인데도 대화를 잘하는 사람은 만나자마자 관찰 을 한다.

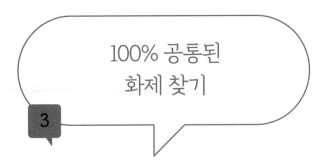

초면인데도 대화를 잘하는 사람은 [   ]를 주제로 대화한다.

낯을 가리는 사람이 주로 고민하는 것은 '무슨 대화를 해야 하지?'라는 것이다. 여기서도 힘을 발휘하는 것이 앞에서 언급했던 '유사성' 심리다. '이 사람은 나와 비슷한 부류야', '성향이 나와 비슷해', '가치관이 닮았어' 등 뭔가 공통점을 느끼면 상대와의 거리는 크게 좁혀진다.

하지만 공통점을 찾으려고 이런저런 질문을 하다가 취조처럼 돼버려, 오히려 상대방의 경계심을 부추길 수도 있으니 주의해야 한다. 게다가 공통점을 찾으려 말을 붙였는데 어색해져 버리기도 한다.

"저는 요즘 골프를 시작했어요. ○○ 씨도 골프하시나요?" → "아니요."

"요즘 화제인 ○○영화 보셨어요?" → "영화에는 취미가 없어서요."

어찌어찌 공통점을 발견했더라도 대화가 끝나버리기도 한다.

"IT 쪽 일을 하시나 봐요. 저도 그쪽이에요." (공통점을 찾았어!) → "네, 그런데 지금은 다른 일을 찾고 있어요." → '….'

'과거' 또는 '현재'에서 상대방과의 공통분모를 찾기가 어려울 수도 있다. 사람마다 지식도 경험도 다르기 때문이다. 하지만 **'미래'는 아직 일어나지 않았으므로 공통점으로** 삼기가 쉽다.

A: "앞으로 어떤 일을 하실 계획이세요?"

B: "컨설팅 쪽으로 준비하고 있어요."

A: "컨설팅 계열이요! 저도 관심이 많아요."

B: "정말요?"

이번에는 '컨설팅에 관한 관심'이라는 공통점이 생겼다. '관심이 많아요'까지는 아니더라도 "매우 보람되고 훌륭한 직업이에요.", "많이 성장하시겠어요. 부러워요."라고 관심을 표현할 수도 있다. 이 역시 '컨설팅에 관한 관심'이라는 공통점이 순간 생긴 것이다. 미래에 관한 이야기는 아직 가상이기 때문에 공통점을 찾기가 상대적으로 쉽다.

"요즘 식단관리를 하고 있어요."
"저도 그래요."

그런데 공통점이 생겼지만, 매번 이렇게 대화가 일치하지는 않는다. 그럴 때는 "저는 전혀 관리를 안 하고 있는데, 이제 슬슬 건강을 챙겨야 할 것 같아요."라고 이야기하면 된다. 지금 관리를 하고 있지는 않지만, '식단에 관한 관심'이라는 공통 화제가 생겼다.

출신 지역이나 출신 학교, 직업, 취미가 100% 일치하는 경우는 매우 드물다. 하지만 미래에 관한 이야기로 확장하면 공통점을 쉽게 찾을 수 있다.

평소에 하는 대화들을 찬찬히 들여다보자. 대부분 과거와 현재에 관한 대화가 90% 이상을 차지하고 있을 것이다. 그러니 조금이라도 미래에 관한 이야기를 늘려 보자. 미래에 관한 이야기는 과거의 실적에 얽매이지 않는다. 유사성을 쉽게 찾아내 상대방과의 거리를 큰 폭으로 줄일 수 있다.

초면인데도 대화를 잘하는 사람은 미래 **를 주제로 대화한다.**

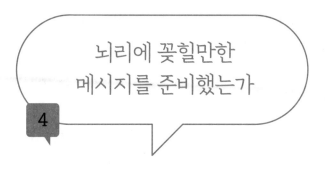

뇌리에 꽂힐만한
메시지를 준비했는가

4

초면인데도 대화를 잘하는 사람은 [   ] **를 각인시킨다.**

대화를 끝낸 후에도 유독 기억에 남는 사람들이 있다. 그런 사람
과는 다시 만나고 싶어진다. 어쩌다 문득 생각이 나기도 한다. '상
대방의 기억에 남는다는 것' 모두가 꼭 그렇게 되고 싶은 바람이다.
기업은 고객의 기억에 각인되도록 만들기 위해 상품의 광고문구에
필사적이다. 짧고 강렬하며 기억에 오래 남을 문구! 예전에 한 커뮤
니티 모임에서 인상적인 소개를 한 사람들은 지금도 기억이 난다.

"옷깃만 스쳐도 인연이라죠? 김인연이라고 합니다."

"좋지 않은 상황에서도 미소를 잃지 않는 이미소입니다."

자기소개도 상대방의 뇌리에 꽂힐만한 '메시지'를 각인시켜야만 기억에 오래 남는 법이다.

이쯤에서 한번 고민해 보자. '상대방이 나를 어떻게 생각했으면 하는지'를….

나를 (   )게 봐줬으면 좋겠다.

나는 수강생들에게 '배가 아플 정도로 웃다', '웃으면서 배운다', '재미있게 학습할 수 있다'를 그들의 기억에 남기기 위해 노력한다. 그렇다고 대단한 것을 하는 건 아니다. 수업 중에 수강생이 한 말에 박장대소하거나, 손뼉을 치며 크게 반응해 줄 뿐이다. 베이스에 '웃음'을 깔아놓았기 때문에 어떤 말이 나와도 웃기게 들린다. 눈물을 흘리며 웃을 때도 있는데, 결코 억지로 웃는 것은 아니다. **상대방을 웃기기란 어려운 일이지만, 내가 웃는 건 그보다는 쉽다.**

나는 9명의 대가족 속에서 자랐는데 거실에서는 웃음이 끊이지 않았다. 동아리나 서클 활동도 모두 팀플레이를 하는 경기종목들을 선택했다. 여럿이 함께하기 때문에 언제나 웃음이 넘쳐났다. 회사 미팅의 경우도 진지했던 회의보다는 웃음이 많았던 회의의 결과가 더 좋았다.

다시 질문하겠다. **'당신은 상대방의 기억 속에 어떤 메시지를 남기고 싶은가?'**

'누구보다 밝은 사람', '반응 속도만큼은 챔피언급', '이야기를 잘 들어 주는 사람'….

떠오르는 게 아무것도 없는 사람은 스스로 이런 질문을 던져보길 바란다.

'내 직업을 속담에 비유한다면?', '남들이 독특하다고 말하는 내 성격은?', '다른 사람에게 들은 칭찬은?'….

만남 후 'OO 씨는 ○○한 사람이었다'는 메시지를 상대방의 기억에 각인시키자. 잔향이 오래가는 사람이 기억 속에 오래 남아 새로운 기회로 이어진다.

초면인데도 대화를 잘하는 사람은 메시지 를 각인시킨다.

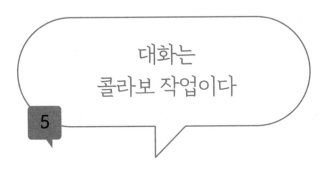

대화는
콜라보 작업이다

5

초면인데도 대화를 잘하는 사람은 ⬚ & ⬚ 로 대화를 쌓아 간다.

상대방이 입을 굳게 다물고 있을 땐 어떻게 해야 할까? 사람들 중에는 과묵한 사람도 있고, 말하는 것을 좋아하지 않는 사람도 있다. 대화가 어려운 사람에게는 다음과 같은 이유가 있다.

• 말하는 것에 익숙하지 않다.
• 대화 자체에 관심이 없다.
• 무슨 말을 해야 할지 모르겠다.

말하는 것을 좋아하지 않는 사람에게 억지로 말을 시키는 건 바람직하지 않다. 반드시 명심해야 할 것은 대화란 '함께 나누는 것'이라는 점이다. 한 사람만 쉴 새 없이 떠들고 상대방은 듣고만 있는 것은 대화가 아니다. 대화란 협력하는 콜라보 작업이다. **상대방의 이야기를 듣고, 자기 이야기를 하면서 함께 나누는 것이 이상적인 모습**이라 할 수 있다. 이를 실현하는 간단한 방법이 ME&YOU 법칙이다.

'나는 ○○인데, 당신은?'과 같이 대화를 이어간다. 예를 들면 이런 식이다.

> "저는 교육업계에 종사한 지 20년이 되었는데(ME), ○○ 씨도 이 업계에 계신 지 오래되셨나요?(YOU)"
> "저는 출생도 자란 곳도 관동關東인데(ME), ○○ 씨는 고향이 어디신가요?(YOU)"
> "저는 역에서부터 30분 정도 걸어왔는데(ME), ○○ 씨는 어떻게 오셨어요?(YOU)"

자신을 먼저 공개하면 상대방은 말하기가 훨씬 수월해진다. 커뮤니케이션 능력이 우수한 사람은 상대방이 낯을 가려 말하기를 어려워한다는 판단을 하면, 자신을 먼저 공개해 말하기 편한 분위기를 조성한다. 자신의 이야기를 슬쩍 꺼내놓고 상대방의 이야기도 꺼내놓게 만드는 것이다.

나의 이야기와 당신의 이야기. 이것이 바로 콜라보로 만드는 대화법이다.

대화가 익숙하지 않은 사람은 '이런 말을 해도 될까?', '나를 이상하게 보지 않을까?' 등 늘 불안한 마음을 가진다. 따라서 대화의 소재가 먼저 테이블에 올라오면 안심이 되는 것이다. 그 역할을 수행하는 사람이 'ME'이다. 대화에 관심이 없는 사람도 관심을 가질만한 계기는 필요한데, 그 소재를 제공하는 것 또한 'ME'의 몫이다.

뜬금없이 "좋아하는 게 뭐예요?"라고 질문하면 무슨 말을 해야할지 막막하지만, "저는 주말마다 찜질방에 가는 걸 좋아하는데(ME), ○○ 씨는 좋아하는 게 뭐예요?(YOU)"라고 물으면 대화의 방향성을 알 수 있게 된다. 그런 길잡이 역할을 'ME'가 하는 것이다.

"이런 모임에는 자주 나오시나요?"보다는 "저는 오늘 처음 참석했는데(ME), ○○ 씨는 자주 나오시나요?(YOU)"라는 식으로 한마디를 플러스하면 질문의 요지가 명확해져 대답하기가 수월해진다.

일방적으로 말하거나 듣기만 하는 대화에는 활기가 없다. 대화를 풍성하게 하려면 함께하는 대화, 즉 콜라보가 되어야 한다. 이것이

ME&YOU '나는 ○○. 당신은?'인 것이다.

대화를 잘하는 사람은 이런 약간의 노력을 게을리하지 않는다.

초면인데도 대화를 잘하는 사람은 [ME] & [YOU] 로 대화를 쌓아 간다.

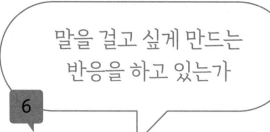

말을 걸고 싶게 만드는
반응을 하고 있는가

6

**초면인데도 대화를 잘하는 사람은 [　　　] 걸지 않고, [　　　]
걸어오게 한다.**

• 파티에서 대화가 어렵다.

• 모르는 사람이 참석한 회식 자리가 불편하다.

• 여럿이 대화할 때 말문이 막힌다.

• 대화에 끼지 못해 어색하다.

1대1 대화는 문제가 없는데 여럿이 모이면 갑자기 말문이 막혀
버린다는 고민 상담이 많다. 여러 사람의 이야기 릴레이가 이어지

는 와중에 잽싸게 끼어들어 자신의 이야기를 꺼내려면 꽤 많은 용기를 내야 한다. '내 말을 무시해 버리면 어쩌지', '무슨 말을 하는게 좋을까' 등 생각이 많아지기 때문이다. 그도 그럴 것이 1대1 대화는 눈앞에 있는 한 사람의 정보량만 다루면 되는데, 다수의 사람이 모이게 되면 정보량은 급속도로 증가하게 된다. 5명이 대화를 나눈다고 하면 나를 제외한 4명의 정보량을 소화해야 한다.

'A가 이런 이야기를 했다', 'B는 그 대화에 맞장구를 쳤다', '하지만 C는 그 대화에 관심이 없는 것 같다', '그새 D가 다른 이야기로 화제를 틀었다'와 같이 생성되는 정보량이 폭발적으로 증가해 대화의 난도는 급속도로 높아진다.

복수의 사람들과의 대화에 자연스럽게 끼어들려면 강한 멘탈이 필요하다. 그렇기 때문에 더더욱 **그룹으로 하는 대화에 자연스럽게 들어가기 위해서는 말을 거는 것이 아닌 '말을 걸어 오게' 만드는 기술**을 습득해야 한다. 무조건 기억해야 하는 것은 '사람들은 반응이 있는 곳에 반응을 한다'는 것이다. 여럿이서 대화를 나눌 때도 적극적으로 반응을 보여줄 필요가 있다. 반응을 보이면 시선이 향하기 때문이다. 다음과 같은 순서대로 반응을 해 보자.

스텝①. 말하는 사람을 본다.
스텝②. 쌩긋 웃는 얼굴을 보여 준다.

스텝③. 코멘트를 한다.

예를 들어 A가 여행 이야기를 하고 있다면, 스텝① A를 바라보고, 스텝② 쌩긋 미소를 보이고, 스텝③ '재밌었겠다!'라고 말한다.

상대방 이야기에 반응하다 보면, "○○ 씨도 여행 자주 해?"라고 질문이 돌아오기도 한다.

누군가가 음악 이야기를 하고 있다면 그 사람을 바라보고, 쌩긋 웃으며, "나도 ○○ 좋아…."라고 코멘트를 한다. 혼잣말처럼 '좋겠다~', '대단하다~', '재밌겠다~' 등을 툭툭 내뱉는 것만으로도 충분하다. 당신에게 말을 걸어 줄 확률이 크게 높아졌을 테니까. 게다가 개인적인 내 소감이니 무시하고 넘어간다 해도 별 상관이 없다.

소개팅이나 회식 자리에서 좋은 인상을 주는 사람을 유심히 관찰하면, 그 사람의 시선은 바쁘게 움직이고 있다. 말하는 사람에게 시선을 보내고, 이쪽저쪽을 둘러보며 주변을 잘 살핀다. 그리고 웃는 얼굴로 한마디씩 코멘트를 남긴다. **반응을 해 주면 말하는 사람 입장에서는 기분이 좋아져 말을 걸어 주고 싶어진다.**

여러 사람이 대화하는 자리에서는 힘들게 말을 걸거나, 화제를 제공하는 등의 수고를 자초할 필요가 없다. 말하는 사람을 바라보고, 웃어 주고, 가볍게 코멘트하는 이 단순한 과정이 '말을 건다' →

'말을 걸어 준다'로 바뀐다.

초면인데도 대화를 잘하는 사람은 [말을] 걸지 않고, [말을] 걸어오게 한다.

말이 서툰 사람일수록 호감을 사는 이유

초면인데도 대화를 잘하는 사람은 화제를 제공하기보다는 상대방의 발언을 [   ] 한다.

"저는 낯을 가려서 대화가 어려워요."

이런 상담을 받을 때마다 나는 무리해서 말하지 않아도 된다고 말해 준다. 오히려 말을 안 하는 쪽이 더 호감을 줄 때가 많다. 대부분의 사람은 자신의 이야기를 경청해 주는 사람에게 친밀감을 느끼기 때문이다.

많은 사람이 어릴 적에 할머니와 도란도란 이야기를 나눴던 경험이 있을 것이다. 기억해 보면 할머니는 "우와~! 옳지~", "그랬구나

~.", "와~! 큰일 날뻔했네." 하며 늘 들어 주는 경우가 많았다. 우리 할머니도 같은 말을 하고 또 해도 매번 놀라운 표정으로 처음 들었다는 듯이 이야기를 들어 주셨다. 그런 할머니가 나는 참 좋았다.

실제로 대화에서는 화자보다 청자가 중요하다. 그에게 '내 이야기를 잘 들어 주고 있구나'라는 따뜻한 마음을 전달해 주기 때문이다. 또한 억지로 말하려고 노력하지 않아도, 상대방의 이야기를 **'앵무새처럼 따라 하는 것'**만으로도 얼마든지 즐거운 대화를 나눌 수 있다.

> A: "우리 집 둘째가 술을 마실 수 있는 나이가 되었어요."
>
> B: "와! 둘째가?"
>
> A: "네, 벌써 20살이 되었네요."
>
> B: "벌써 20살이라니!"
>
> A: "정말 빠르죠?"
>
> B: "정말 빠르네요."

청자인 B는 화자 A의 말을 반복할 뿐이지만, A는 말을 계속 이어가고 있다. TV프로에서 사회자를 연구해 보면 '앵무새 효과'를 확인할 수 있다.

게스트: "저는 이 제도에 화가 나요."

사회자: "화가 많이 나셨군요."

게스트: "맞아요. 이 제도는 너무 이상해요."

사회자: "이상하다고요?"

게스트: "왜냐면 아무도 이용을 안 하고 있으니까요."

사회자: "네, 이용을 안 하고 있지요."

게스트: "그러니까요. 그래서…."

이처럼 사회자가 화자의 말을 그대로 따라 하면서 토크를 진행하는 장면을 자주 볼 수 있다. 말을 반복해 주면 화자는 내 말이 인정받은 생각이 들어 안심하게 된다.

그런데 계속해서 앵무새처럼 따라 하는 것을 두고 '내 말을 듣고 있는 게 맞아?'라며 의심하는 사람도 있다. 그럴 땐 조금씩 변형을 주면 된다.

'똑같이 따라 한다', '한마디 덧붙이고 따라 한다', '따라 한 후에 한마디 덧붙여 준다'처럼 다양한 패턴을 유연하게 활용하는 것이다.

A: "이번 황금연휴에 하루도 제대로 쉬지 못했어요."

B: "하루도요?" (똑같이 따라 한다)

A: "네, 갑자기 급한 일이 들어와서…."

B: "아니 저런, 급한 일이 들어왔군요." (한마디 덧붙이고 따라 한다)

A: "네, 거절하기가 힘들었어요."

B: "거절을 못 하셨군요, 고생하셨어요." (따라 한 후에 한마디 덧붙여 준다)

A: "그래도 무사히 끝나서 다행이에요."

B: "정말 무사히 끝나서 다행입니다." (똑같이 따라 한다)

상대방의 이야기를 반복했을 때의 가장 큰 효과는 상대방의 이야기를 경청하게 된다는 것이다. 반복하기 위해서는 상대방의 이야기를 잘 들어야 하므로 자연스럽게 화자에게 의식이 집중된다. 그 또한 상대방을 기쁘게 하는 요소가 된다.

초면인데도 대화를 잘하는 사람은 화제를 제공하기보다는 상대방의 발언을 ▢ 반복 ▢ 한다.

두근두근 제로,
'긴장하지 않는 대화법'

제3장

The art of
conversation

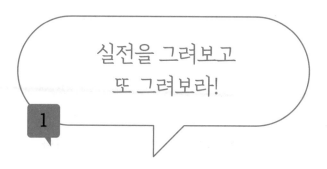

실전을 그려보고
또 그려보라!

1

사람들 앞에서 말을 잘하는 사람은 현장 ⬜ 를 끈질기게 한다.

당신은 사람들 앞에서 말할 때 긴장을 잘하는 유형인가? 만약 그렇다고 해도 안심하라. 많은 조사에서 70~80%의 사람들이 '사람들 앞에서 말할 때 긴장한다'고 답했다. 결코 당신만 그런 것이 아니다.

강사는 사람들 앞에서 말하는 직업이다. 그런데도 "저는 사람들 앞에서 긴장하는 타입이에요.", "원래 긴장을 잘해요."라고 말하는 강사들이 매우 많다. 나는 지금까지 많은 강사 면접을 하면서 그런 말을 자주 들어왔다. 사람들 앞에서 말하는 직업을 가진 사람들도 그러한데 당신이 긴장하는 것은 지극히 정상이다.

사람들 앞에서 말할 때 '퍼포먼스를 발휘하는 사람'과 '퍼포먼스를 발휘하지 못하는 사람'으로 명확하게 나눠 볼 수가 있다.

실제로 사람들 앞에서 말할 때의 긴장도는 '준비 상태'에 따라 달라진다. 즉 '준비를 얼마나 많이 했느냐'다. 모든 것은 준비에 달려 있다고 해도 과언이 아니다. "매번 준비하지만 그래도 떨려요."라고 말하는 사람도 있을 것이다. 하지만 욕먹을 각오로 말하겠다. 준비가 부족해서다. 많은 시간을 할애하거나 연습을 여러 번 반복하는 것이 정답이 아니다. 준비의 질은 다른 것에 의해 좌우된다.

가령 당신이 결혼식에서 건배사를 맡게 되었다고 하자. 처음 하는 경험이다. 그 상태로 아무런 준비를 하지 않은 채 당일을 맞이하게 된다면 심장은 요동을 칠 것이다. 왜냐하면 전혀 예상이 안 되기 때문이다. 사람들 앞에서 말할 때 미리 예상하지 않은 상황에서 말을 못 하는 건 당연하다. 긴장을 잘하는 사람에게 벼락치기 실전만큼 위험한 행위는 없다.

반대로 처음 서는 자리이지만 어느 정도 예상이 되는 상황이라면 어떨까.

① 청중은 누구인가?

② 몇 명인가?

③ 어떤 표정으로 듣고 있는가?

④ 분량을 어느 정도로 할 것인가?

⑤ 장소는 어디인가?

이렇게 입수한 정보를 토대로 내용을 작성한다면 긴장감은 달라질 것이다. 정보가 부족하면 사전에 주최 측에 물어보면 된다. 유튜브에서 '결혼식 건배 제의'를 검색해도 많은 동영상이 올라와 있다. 그걸 보면서 이미지를 그려보는 것도 하나의 방법이다.

준비의 질을 좌우하는 것은 현장의 '해상도'다. 현장 당일의 영상을 구체적으로 상상해 보지 못한 사람은 긴장도가 높아진다. **선명하게 이미지를 그려본 사람의 긴장도는 낮게 유지될 것**이다. 축구에서 슈팅 연습을 할 때 아무런 전략 없이 천 번을 무조건 차기만 한다면 다리만 굵어질 뿐이다. 현장을 명확하게 그려보고 백 번 차는 게 득점으로 이어질 확률이 훨씬 높다.

당일 모습을 대충 그리는 것, 그것이 바로 준비를 많이 하지만 매번 긴장하게 되는 이유다.

현장을 그려본다면 자신감이 생기게 되고, 그려본 현장의 해상도가 높아진다면 자신감은 확신으로 변할 수 있다. 현장을 명확하게

그려보고 당신이 전달하고 싶은 진짜 메시지를 청중에게 들려주길

간절히 바란다.

사람들 앞에서 말을 잘하는 사람은 현장 준비 를 끈질기게 한다.

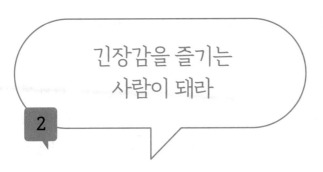

긴장감을 즐기는
사람이 돼라

사람들 앞에서 말을 잘하는 사람은 '　　　　도 이것만큼은 전달하자'를 정한다.

한 가지 분명하게 해 주고 싶은 말이 있다. '긴장'과 '긴장감'은 전혀 다르다. '긴장'은 의식이 산만한 상태다. 사람들 앞에서 '잘 보이고 싶다', '실수하기 싫다', '머리가 하얘지면 어쩌지' 등 생각이 너무 많으면 의식이 분산되는데 이럴 때 사람들은 긴장하게 된다.

반면, **'긴장감'은 의식이 집중된 상태다.** 사람들 앞에서 말할 때 전달할 내용에만 몰두하다 보면, 눈 깜짝할 새 시간이 흐르거나 두근거림 자체를 인지하지 못하는 경우가 있다.

운동선수들을 떠올리면 이해가 쉬울 것이다. 월드컵 출전 여부가 걸린 승부차기, 오오즈모大相撲(프로 스모-역자) 텐슈라쿠千秋楽(흥행 마지막 날-역자) 결정전, 골프에서 플레이오프 진출 여부가 걸린 파이널 라운드 샷 등 결정적 순간에 선수들은 바늘구멍에 실을 꿰듯이 의식을 집중하는데, 그 긴장감은 우리에게도 고스란히 전달된다. 이를 '존Zone(하나의 활동에 몰두한 나머지 다른 것에 전혀 신경이 쓰이지 않는 상태-역자)'이라고도 하는데, 이런 상태에 빠질 때 사람들은 높은 퍼포먼스를 발휘한다.

'긴장'도 '긴장감'도 체내에서 일어나는 현상인 것은 같다. 교감신경이 우위가 되어 맥박이 빨라지고, 심장이 뛰면서 흥분 상태에 들어가는 것인데, 차이가 하나 있다면 '의식'이 다르다는 점이다.

정리해 보면, 사람들 앞에서 말할 때

- 의식이 산만한 사람 = 긴장하는 사람
- 의식이 집중된 사람 = 긴장감을 즐기는 사람

결과가 좋은 것은 물론 긴장감을 즐기는 사람이다.

사람들 앞에서 말할 때 집중력을 높이는 쉬운 방법이 있다. 그것은 딱 한 줄, **'무슨 일이 있어도 이것만큼은 전달하자'**를 정하는 것이다. 자기소개, 상품 설명, 프레젠테이션 등 다양한 자리가 있겠지만, 어떤 상황에서도 딱 한 줄을 전달하는 것에 모든 의식을 집중한다. 쉽게 긴장하는 사람은 말의 요지가 사라지는 경우가 많다. '결론적으로 무슨 말을 하고 싶은가?'에 집중하지 못한다. 그래서 의식이 산만해지는 것이다.

기획 회의라면 '이번 기획의 콘셉트는 ○○입니다!'라는 한 줄만큼은 무조건 전달되게 하자. 신상품을 제안하는 자리라면, '과일과 전통 과자의 조화'라는 내용만큼은 반드시 알리자. 영업이라면, '이 제품을 구매하면 1년 후 고객님의 미래는 ○○게 된다'의 ○○만큼은 필사적으로 전하자.

사람들 앞에서 말할 때 아무리 긴장을 많이 해도, 땀범벅이 되어도, 열심히 무언가를 전달하려는 사람은 청중의 마음을 감동시킬 수 있다. 그런 사람들은 겉모습이 아닌 진정성으로 승부하기 때문이다. '꼭 전해야 하는 내용이 무엇인지'에만 정신을 집중시키자. 잠시 긴장감을 잊게 되는 순간이 반드시 찾아올 것이다.

사람들 앞에서 말을 잘하는 사람은 ' 죽어 도 이것만큼은 전달하자'를 정한다.

사람들 앞에서 말을 잘하는 사람은 패닉에서 벗어나기 위한

☐ **를 마련해 둔다.**

강사 초년생 시절, 첫 강연 때 나는 그만 큰 실수를 하고 말았다. 영혼을 갈아 넣은 연습을 했지만 50여 명 앞에 선 순간, 갑자기 눈앞이 새하얘진 것이다. 왜냐하면 청중 중에 예전 상사와 꼭 닮은 사람이 보였기 때문이다. 나는 과거에 그 상사에게 많이 혼이 났었다. 그 기억이 '플래시백'되어 그 사람을 본 순간 패닉에 빠진 것이다. 물론 그 상사는 아니었다. 마이크를 잡은 손이 떨리고, 입은 바짝 말라갔다. 컵에 있는 물을 마시고 싶어도, 컵을 들면 떨리는 손을 들킬 것 같아 마실 수도 없었다. 도대체 무슨 정신으로 강연했는지 아무것도 기억나지 않았다. 최선을 다한 연습도 물거품이 돼 버린 것이다.

그 경험을 통해 배운 것은 단 한 가지, '패닉도 계산에 넣는다'이다.

- 사람들 앞에서 말할 때 패닉에 잘 빠지는 사람
- 머리가 자주 하얘지는 사람
- 하려던 말들이 날아가 버리는 사람

위 유형의 사람이라면 패닉 상황이 왔을 때의 '피난 루트'를 마련해 두자. 예를 들어, 회의에서 상사가 중간에 끼어들어 패닉이 된 경험이 있는 사람이라면 다음 발표에는 이렇게 하기로 미리 정해 두는 것이다.

피난 루트① 패닉이 되면,
"질문 내용을 다시 여쭤봐도 될까요?"라고 먼저 물어본 내용을 정중하게 다시 확인한다.
피난 루트② 내용을 잘 모르겠다면,
"○일까지 확인하고 답변드리겠습니다."라고 차일로 미루기로 한다.

피난 루트③ 상사에게 꼬투리 잡는 지적을 받게 되면, '사실만을 답변한다'라고 정해놓는다.

예) 'O일 미팅에서 OO라는 지시를 받았습니다.', 'OO라고 회의록에 기록되어 있습니다.'

위와 같이 차분하게 사실을 확인한다. 그러면 상사도 '그런 말을 한 적이 없어'라고는 하지 못할 것이다. 이처럼 **'만약에 이렇게 된다면'을 미리 설계해 두자.**

그렇다면 사람들 앞에서 말할 때 긴장해 패닉이 된 경험이 있는 사람은 어떻게 해야 할까?

그럴 때는 "일단 여기까지 한 내용을 다시 정리해 보도록 하겠습니다."라고 말하고 생각을 정리할 시간을 벌기로 정해 둔다.

순간 패닉 상태가 되었을 때는 "갑자기 내용이 날아가 버렸습니다. 잠시 숨 좀 돌려도 될까요."라고 선언하기로 정해 둔다.

또 클레임에 대응할 때도 고객이 짜증을 내며 "그러니까 몇 번이나 말했잖아요!"라고 나오면 '나는 냉정, 침착, 정중하게 답변'하기로 미리 마음에 정해 둔다.

'패닉'이란 돌발적인 불안과 공포에 의한 혼란한 심리 상태다. 돌발적인 상황을 차단하는 것이 패닉을 예방하는 방법이다. 앞이 어두우면 사람은 한 발짝도 움직이지 못하지만, 빛이 있으면 앞으로 나아갈 수 있다. 패닉이 되었을 때 앞을 비추는 피난 루트가 있다면 전진할 수 있다. 준비된 자만이 살아남는 법이다.

사람들 앞에서 말을 잘하는 사람은 패닉에서 벗어나기 위한 피난 루트 를 마련해 둔다.

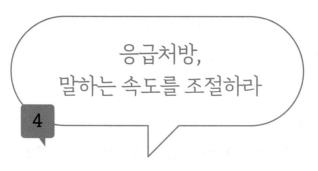

응급처방,
말하는 속도를 조절하라

4

사람들 앞에서 말을 잘하는 사람은 [   ] 말한다.

　여러 가지 대책을 세웠더라도 막상 현장에서 긴장해 버리면 아무런 소용이 없다. 그래서 이번 장에서는 '긴장했을 때의 응급처방'을 소개하고자 한다.

　먼저 당신이 현장에서 긴장했던 당시 상황을 떠올려 보기 바란다. 다수가 참석한 회의에서 발표했을 때였는가? 갑자기 자기소개를 요청받았을 때였는가? 아니면 결혼식 인사말이나 간단한 건배사를 부탁받았을 때였는가?

　그때 말하는 속도는 어땠는가? 빨리 끝내버리고 싶다는 생각에 말이 빨라졌을지도 모른다. 이는 지극히 당연한 것으로, 원래 긴장을 하면 호흡이 짧아져 충분한 숨을 들이마시지 못하게 된다. 호흡이 부족한데 애써 말하려고 하니, 호흡이 가빠져 말이 저절로 빨라지는 것이다.

그렇기 때문에 **긴장했을 때는 말하는 속도를 최대한 '천천히 하는 것'이 중요**하다. 말하는 속도를 늦추면 호흡이 정리되고 침착해진다. 말의 속도를 늦추는 것은 '나는 침착하다'는 메시지를 몸에 전달하는 효과가 있다.

다음은 강제적으로 말하는 속도를 늦추는 방법이다.

① 뜸을 들인다.

'오늘 전달해 드릴 말씀은 3가지입니다.' (1, 2, 3 하고 3초 '뜸'을 준다.)

'첫 번째는 당사의 창립 목적에 대해' (1, 2, 3 하고 3초 '뜸'을 준다.)

'두 번째는 당사가 취득한 특허에 대해' (1, 2, 3 하고 3초 '뜸'을 준다).

'세 번째는 특허를 활용한 신상품에 대해 말씀드리겠습니다.' (1, 2, 3 하고 3초 '뜸'을 준다.)

뜸을 들이는 침묵시간이 공포스러울 수 있지만, 말하는 속도는 틀림없이 늦춰질 것이다. 뜸이 브레이크의 역할을 하기 때문이다.

그리고 뜸을 들이면 호흡을 가다듬을 수 있다. 긴장했을 때는 과하다 싶을 정도로 뜸을 주어 속도를 늦춰보기를 바란다.

② 청중을 본다.

'청중을 보면 긴장이 더 돼서'라는 사람도 있을 것이다. 귀신의 집이 무섭다고 눈을 감아버리면 더 무서워지기 마련이다. 이는 긴장했을 때도 마찬가지다. '나는 긴장했다', '청중도 그걸 눈치챘다', '긴장한 모습을 보인 것이 창피하다'라는 식으로 실제로 청중들은 아무 생각이 없는데, 마음대로 상상해 버리면 더 긴장하게 되고, 말하는 속도가 빨라진다. 따라서 청중을 똑바로 바라보고 상황을 파악할 필요가 있다. 실태 파악이 되면 침착하게 말할 수 있게 된다.

③ 질문을 한다.

회의에서 발표나 프레젠테이션할 때 청중에게 "○○ 씨는 어떻게 생각하세요?"라고 질문하는 경우가 있다. 그러면 일단 공은 청중에게 넘어간다. 이 순간만큼은 말하는 것을 멈출 수 있고, 그사이에 빨라진 내 속도를 원래대로 돌려놓을 수 있다.

청중이 많아서 특정인에게 질문을 하지 못했더라도 "이대로 계속 진행해도 될까요?", "일단 여기서 내용을 마무리해도 될까요?"라고 물으며 합의를 구한다. 이 또한 쉬는 시간이 된다. 위화감이 느껴지지 않을 정도로만 적절하게 질문해 보자. 일방적으로 쉼 없이 말하면 속도가 점점 빨라진다. 이를 저지하기 위해 질문을 활용하는 것이다.

긴장한다는 건 어쩔 수 없는 일이다. 다만 아무런 처방도 하지 않은 채 계속 질주하다 보면 긴장으로 시작해 긴장으로 끝날 수 있다. **긴장된 마음을 바로 풀 수는 없더라도 말하는 속도는 스스로 통제할 수 있다.**

우선은 말의 속도를 늦추기 위해, '뜸을 들인다', '청중을 본다', '질문을 한다' 중에서 할 수 있는 것들부터 시도해 보길 바란다.

사람들 앞에서 말을 잘하는 사람은 천천히 말한다.

입버릇처럼 자주 쓰는 말로 먼저 시작하라

5

사람들 앞에서 말을 잘하는 사람은 ☐ **나오는 말부터 시작하고,** ☐ **나오는 말은 뺀다.**

뜬금없는 질문이지만, 당신은 전화 응대를 잘하는 편인가? 나는 응대가 서툴렀다. 어릴 적 우리 집 전화는 검은색에 벨 소리도 '따르르릉!' 어마어마하게 컸다. 깜짝깜짝 놀랐던 탓인지 수화기를 들면 말이 나오지 않아 우물쭈물했던 기억이 지금도 난다. 사람들 앞에서 말할 때도 긴장으로 말이 나오지 않고 목소리도 떨리곤 했다. 어른이 되고도 회의 도중에 갑자기 질문을 받으면 가슴이 철렁해져 말이 나오지 않았다. 타고나길 새가슴에 멘탈이 약했던 나에게 긴장은 일상이었다.

하지만 지금은 완벽하게 고쳐졌다. 사회인 경력 10년 차 정도 지났을 때의 일이다. 당시 근무하던 보이스 트레이닝 회사에서 '호흡의 흐름'이 중요하다는 것을 배우고 난 뒤부터다. 당연한 소리지만 목소리를 내려면 숨을 뱉어야 하고, 숨을 들이쉬면 목소리가 막혀 버린다. 무호흡 상태일 때도 목소리는 나오지 않는다. 그런데 '뭐든 해 봐야지' 하며 조바심을 내게 되면 몸이 긴장해 힘이 들어가게 된다. 힘이 들어가면 성대 주변 근육이 좁게 수축해 호흡의 흐름이 끊기게 되고 목소리가 나오지 않게 된다. 무거운 짐을 들 때도 힘을 주게 되는데 그때도 숨을 멈추고 있음을 알 수 있다.

힘을 주면 호흡이 멈추는 경우가 많은데, 이것이 긴장하면 목소리가 나오지 않는 원인이 된다. 따라서 자연스러운 '호흡의 흐름'을 만들 필요가 있다. 여기서는 호흡의 흐름을 만드는 2가지 방법을 소개하고자 한다.

①잘 나오는 말부터 시작한다.

습관처럼 자주 쓰는 말이 있는가? 예를 들어 '맞아', '뭔가', '이쨌든', '약간' 등. 무조건 쉽게 나오는 말로 시작한다.

"맞아, 매우 유효했다고 생각해."

"뭔가, 아주 좋은 인상을 가지고 있어요."

"어쨌든, 인기가 많으실 거 같아요."

"약간, 저도 해 보고 싶어요."

입버릇처럼 자주 쓰는 말들이 사람마다 다르겠지만, 누구에게나 바로바로 나오는 말들이 있을 것이다. 긴장해서 말이 안 나올 때는 이런 말들로 시작해 보자.

전후 맥락이 다소 꼬일 수도 있지만, 말을 안 하는 것보다는 훨씬 낫다. **말을 한다는 것은 호흡의 흐름을 만든다는 것. 첫마디로 포문을 열면 봇물 터지듯 호흡의 흐름이 시작된다.**

②잘 안 나오는 말은 뺀다.

"안녕하세요!"

입이 안 떨어져 '안녕하세요'가 잘 나오지 않는다면, 여기서 '안'을 빼고 '녕하세요'라고 한다.

"잘 먹겠습니다."

'잘 먹겠습니다'의 '잘'이 나오지 않는다면 '잘'을 빼고 '먹겠습니다'라고 한다.

'(안)녕하세요'만으로도 '(잘)먹겠습니다'만으로도 의미는 전달된다.

그리고 **첫음절은 작은 목소리더라도 점점 목소리를 키워준다.**

예) "처음 뵙겠습니다!"

예) "오랜만이에요!"

말이 잘 안 나오면 빼면 되고, 소리가 나오지 않으면 나오는 만큼만 하면 된다. 무리하게 소리를 내려고 하면 힘이 들어가 오히려 소리가 나오지 않는다. 자연스러운 호흡의 흐름으로 목소리가 잘 나올 수 있도록 한다. 사람은 숨을 쉬면서 생명을 유지한다. 호흡이 기본이다.

사람들 앞에서 말을 잘하는 사람은 [잘] 나오는 말부터 시작하고, [안] 나오는 말은 뺀다.

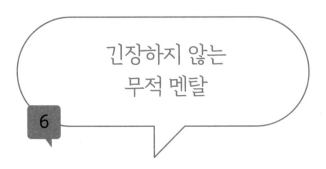

긴장하지 않는
무적 멘탈

6

사람들 앞에서 말을 잘하는 사람은 [   ]에 구애받지 않는다.

"긴장하는 성격이 고쳐질까요?" 이런 고민을 절실하게 상담해 오
는 경우가 있다.

오랜 기간 긴장을 잘하는 성격을 고민하며, 여러 가지 시도를 해
보아도 잘 고쳐지지 않았던 사람, 사람들 앞에서 말할 때마다 목소
리가 떨리는 사람, 남들 앞에 서는 것 자체가 공포인 사람. 그런 사
람들 입장에서는 '정말 고쳐질까'를 의심하는 것도 무리는 아닐 것
이다.

긴장을 극복하는 강연회를 개최한 횟수는 아마 일본에서 우리 회사가 가장 많을 것이다. 그런 경험을 바탕으로 조언하자면, 긴장하는 성격을 고치는 유일한 방법은 **'평가에 구애받지 않는 것'**이다. 예를 들어 친한 친구의 결혼 소식을 듣게 되었다고 하자. 당신은 진심으로 '축하해!'를 외쳤을 것이다. 그때 긴장을 했을까? 아마 그러지는 않았을 거다.

그런데 결혼식에서 친구 대표로 인사를 하게 되었다면 이야기는 달라진다. 많은 사람의 스포트라이트를 받을 것이고, 모르는 사람들도 많다. 최대한 실수 없이 완벽하게 하고 싶다. 하지만 그럴 때일수록 준비했던 것들이 하얗게 날아가 버리고 목소리는 뒤집힌다. 똑같은 '축하해'를 친구에게 전하는 것인데 왜 전자는 긴장되지 않고, 후자는 긴장하게 되는 것일까.

그 이유는 전자는 to you인 것에 반해 후자는 to me이기 때문이다.

'to you'란 의식이 상대방에게 향해 있는 상태

'상대방을 위해', '상대방을 생각하여', '상대방의 행복을 바라며' 말하는 경우다.

'to me'란 의식이 자신에게 향해 있는 상태

'자신의 평가를 위해', '자신이 잘 보이기 위해', '자신의 성공을 바라며' 말하는 경우다.

　　**보통 사람들은 'to you'일 때는 긴장을 하지 않지만, 'to me'일
때는 긴장을 하게 된다.** 왜냐하면 '평가가 두렵다', '실수하고 싶지
않다', '잘 보이고 싶다' 등 자신에게 의식이 향하는 to me 마인드
가 긴장을 조장하기 때문이다. 긴장하는 성격을 고치려면 평가에
구애받지 말아야 한다. **평생 긴장을 모르는 무적의 멘탈은 to you
마인드**다.

　　그렇지만 이런 생각도 들 것이다. '그게 생각만큼 쉬우면 고민도
안 했지'라고. 이 말도 맞다. 누구나 잘 보이고 싶고, 못난 사람으로
보이고 싶지 않다.

　　스피치 업계에서 '나를 버리고 100% 상대방을 위해서 말하라'는
명언이 있는데, 이는 아마도 불가능한 일이다. 나 또한 100% 상대
방을 위해 말하고 있다고 장담하지 못한다.

　　그러니 이렇게 생각해 보길 바란다. **'조금씩 상대방을 위해 말할
수 있게 되고 싶다'**고.

　　가벼운 마음으로 작은 것부터 시도해 보자.

　　우선은 소수가 참석한 미팅에서 먼저 손을 들고 발언하는 것부터
시작해 보자. 미팅에서 사회를 봐달라고 부탁받으면 처음에는 보고

읽는 수준이어도 상관없으니 일단은 많은 사람 앞에서 발표해 보는 것이다. 일상에서 편의점 직원에게 "감사합니다!"라고 말하거나, 카운터 안내원에게 "오늘은 날씨가 좋네요."라고 말을 걸어 보자. 모임에 참석해 먼저 다른 사람에게 다가가는 연습을 해 보는 것도 좋다.

이처럼 평소의 대화를 통해 다른 사람들의 눈을 의식하지 않고 말할 수 있도록 하는 것이다. 그러다 조금씩 상대방을 위해 말할 수 있는 여유가 생긴다면 가장 이상적이다. 평가에 구속되지 않는 말하기에는 진정성이 있다.

사람들 앞에서 말을 잘하는 사람은 평가 에 구애받지 않는다.

완벽한 전달을 위한
'설명'의 기술

제4장

The art of
conversation

1

> ## 상대방이 듣고 싶어 하는 것에
> ## 초점을 맞춰라

설명을 잘하는 사람은 상대방의 ⬚ 을 떠올린다.

짧게 정리하는 것을 '요약'이라고 한다. 요약 능력이 없으면 '그런데?', '그래서?', '무슨 말이 하고 싶은데?'라는 말을 듣게 된다.

회사원이던 시절, 나는 상사에게 여러 차례 말을 차단당한 경험이 있다. 그랬기에 '설명을 잘하고 싶다'는 고민을 들을 때마다 남의 일 같지 않다. 잘 모르는 이야기를 5분 이상 인내심을 가지고 들어 주는 건 여간 힘든 일이 아니다. 설명을 잘하는 사람은 대체로 **중요한 내용을 두괄식으로 짧게** 요약한다.

'하고 싶은 말은 짧게 할수록 좋다'는 것은 누구나 아는 상식이다. 하지만 자기의 눈높이에서 요약한다는 것이 문제다. 이것이 설명에 실패하는 이유이자, 문제의 근원이다. **설명이 제대로 전달되려면 상대방이 듣고 싶은 이야기를 요약해야 한다.**

고객사와의 첫 미팅에서 영업 담당자가 회사 소개를 시작한다.

"당사는 시스템을 개발하는 회사입니다. 창립한 지 올해로 30년 차가 되었습니다. 취급하는 서비스는 고객 최우선이라는 가치 아래, 현재 정부와 협업하여 시스템개발을 진행하고 있으며…."

열심히 설명하고 있지만, 듣는 사람은 '그래서 어쩌자는 거지?'라는 생각을 지울 수 없다.

"오늘의 주제는 다이버시티입니다. 앞으로는 팀과 개인의 존재 가치를 연결하여 높은 모티베이션을 유지하는 것이 중요해질 것으로 보입니다."

아무리 정갈하게 요약해도, 도통 의미를 알 수 없어 '대체 무슨 말이야?' 싶어 짜증이 난다.

요약을 아무리 잘해도, 두괄식으로 결론부터 설명해도, 그 내용을 '본인' 기준에서 정리하면 안 되는 것이다. **설명을 잘하는 사람은 상대방의 '얼굴'을 먼저 떠올린다.**

다이어트 상담을 할 때도 '역시 식단이 90%예요', '헬스장부터 다녀야 해요', '유산소운동을 해 보세요' 등 대부분 본인의 관점에서 조언하게 된다. 그런데 상대방이 다이어트를 하는 주된 목적이 체중 감량인지, 건강관리인지에 따라 조언은 달라져야 한다. 따라서 말하려는 내용을 한 줄로 요약할 때는 반드시 '상대방이 듣고 싶어 하는 것'에 초점을 맞춰야 한다.

스피치 연수에서 '당신이 설명할 때 가장 먼저 하는 행위는 무엇인가?'라는 질문을 던지면, 대부분 '말하고 싶은 내용을 정리하는 것'이라고 답한다. '상대방의 얼굴을 떠올려 본다'라고 답하는 사람은 한 명도 없었다.

내용을 한 줄로 설명하려면 먼저 상대방의 얼굴, 얼굴, 얼굴, 얼굴, 얼굴. 이 정도로 상대방의 얼굴을 떠올리며, 상대방이 '듣고' 싶어 하는 내용이 무엇인지를 탐구해야 한다.

'다음 주 조례에서 발표하게 되었는데, 어떤 내용으로 할까?'라는 생각이 들었다면, 일단 거기서 멈추고, **'이 이야기를 누가 듣게 되지?'**부터 생각하자.

'고객에게 광고지를 배포해야 하는데, 타이틀을 뭐로 하지?' 이 경우도 마찬가지로 본인이 원하는 타이틀을 생각하지 말고, 고객의 얼굴부터 떠올려야 한다.

'내 입장을 주장하는 사람'과 '상대방의 마음을 읽는 사람' 중에 설명을 잘하는 사람은 단연코 후자다. 업무 성과에도 차이가 여실히 드러난다.

무언가를 설명하려 할 때, 몇 초 동안만이라도 상대방의 얼굴을 떠올려 보자. 훈련이라 생각하고 3개월 정도는 꼭 실행해 보길 바란다. 아마 상대방의 얼굴을 떠올리지 않으면 찜찜함을 느낄 정도로 습관이 될 것이다. 이런 습관은 당신의 설득력을 크게 향상하는 기폭제가 될 것이다.

설명을 잘하는 사람은 상대방의 얼굴 을 떠올린다.

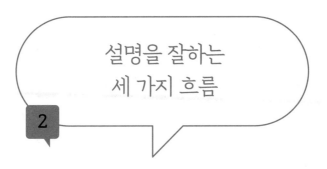

설명을 잘하는
세 가지 흐름

2

설명을 잘하는 사람은 설명 패턴을 '상대방, 내용, ⬚'에 따라 달리한다.

상대방 얼굴이 떠올랐다면 이번에는 '무엇을 어떤 순서로 말할지'를 생각하자. 이는 설명하는 상대방, 내용, 상황에 따라 달라진다.

이번에는 비즈니스의 정석이라 불리는 '설명을 잘하는 세 가지 흐름'에 대해 살펴보고자 한다.

① 시계열 순서대로 말하기

과거→현재→미래의 '시간'의 흐름대로 설명하는 패턴

자기소개라면,

<과거> "예전 직장에서는 시스템 엔지니어 인턴으로 일했습니다."

<현재> "지금은 엔지니어로서 소프트웨어를 개발하고 있습니다."

<미래> "앞으로는 소프트웨어개발 프로젝트 리더가 되는 것이 목표입니다."

클레임을 보고하는 상황이라면,

<과거> "어제 자료에 오류가 있다는 연락을 고객사로부터 받았습니다."

<현재> "지금 사토 과장이 자세한 내용을 확인하고 있습니다."

<미래> "파악하는 대로 보고드리도록 하겠습니다."

② **결론부터 말하기**

가장 중요한 결론을 맨 먼저 말한다.

자기소개라면,

<결론> "저는 앞으로 소프트웨어개발 프로젝트 리더가 되는 것이 목표입니다."

<상세> "이를 위해 지금 엔지니어로서 다양한 소프트웨어 개발을 담당하고 있습니다."

<정리> "개발을 관리하는 리더가 될 수 있도록 앞으로도 열심히 하겠습니다."

클레임이라면,

<결론> "고객사에서 클레임이 있었습니다."

<상세> "자료의 오류를 지적받아 지금 사토 과장이 대응하고 있습니다."

<정리> "구체적인 내용이 파악되는 대로 보고드리도록 하겠습니다."

③ 큰 것에서 작은 것으로 세분화하기

큰 덩어리로 시작해 작은 사항으로 세분화하여 설명하는 패턴. 바꿔 말하면 추상적인 것에서 구체적인 것으로 세분화하는 방식이다.

<대> "저의 목표를 말씀드리겠습니다."

<소> "3년 후에 자격증을 취득해, 5년 후에는 창업할 계획입니다."

<대> "오늘은 저축성 보험에 관해 말씀드리겠습니다."

<소> "구체적으로는 저축성 보험의 종류 및 선택에 관해 말씀드리겠습니다."

세 가지 방법 모두 설명하는 순서의 기본이라 할 수 있다. 그렇다고 무작정 쓰면 안 되고, **상대방에 따라 패턴을 다르게 선택**해야 한다. 말하는 습관이란 무서운 것이어서 '나는 시간 순서대로 말하는 게 편해', '대체로 결론부터 말하는 편이야', '큰 것에서 작은 것으로 세분화하라고 배웠어' 등 익숙한 패턴이 이미 체화되어, 매번 같은 패턴으로만 설명하는 경우가 많다.

여기까지 이 책을 읽었다면 잘 알겠지만, 본인이 좋아하는 패턴으로만 말하게 되면 설명하는 스킬이 절대로 늘지 않는다. **설명을 잘하는 사람은 '상대방, 내용, 상황'에 따라 패턴을 시의적절하게** 선택한다. 때로는 패턴을 잘못 선택할 수도 있다. 하지만 그 또한 연습이다.

'자신이 좋아하는 패턴과 상대방에게 설명이 잘 전달되는 패턴은 다르다'는 사실을 인식하는 것. 그것만으로도 설명하는 능력이 눈에 띄게 달라질 것이다.

설명을 잘하는 사람은 설명 패턴을 '상대방, 내용, 상황 **'에 따라 달리한다.**

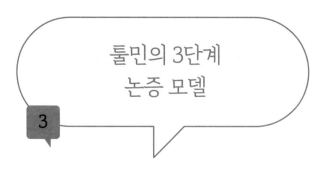

툴민의 3단계
논증 모델

3

설명을 잘하는 사람은 '주장 → ☐ **→ 논거'로 논리를 구축
한다.**

20대 때 나는 '로직(논리)'이라는 단어에 알레르기가 있었다. 논리
적인 맥락을 구축해 말하는 작업이 어려웠기 때문이다. 상사로부터
'머리 좀 써라!', '생각 좀 해라!'라는 말을 셀 수 없이 들었고, 급기
야 '너의 머리는 장식으로 달렸냐!'라는 호통까지 들어야 했다.

그런 나를 애처롭게 바라보던 한 선배가 〈툴민Toulmin의 논증 모
델〉 이론을 알려주었다. 이를 계기로 나의 논리적 사고는 꽃피게 되
었다.

'툴민 논증 모델'이란 다음과 같은 3단계 사고 과정을 거치는 모델이다(여기서는 최대한 간략히 설명하고자 한다).

주장 (클레임) = 나의 생각, 나의 결론

사실 (데이터) = 주장과 결론의 정당성을 뒷받침하는 객관적 수치 또는 사실관계

논거 (워런트) = 주장과 사실을 연결 짓는 이유

예를 들어, 당신이 누군가의 지나친 음주가 걱정되었다고 하자. "무슨 짓을 해서라도 술을 줄여 봐."라는 말은 전혀 설득력이 없다. 그럴 땐 이렇게 말해 보는 것이다.

주장: "알코올 섭취를 줄여 보는 건 어때?"

사실: "국립 암연구센터에 따르면, 하루 평균 69그램 이상의 알코올 섭취는 암 발생 위험을 60% 증가시킨대. 요즘 하루에 3병씩 마시고 있잖아. 알코올 섭취량이 70그램에 가까워."

논거: "하루에 한 병만 마시면 암 위험은 크게 줄 거야."

회사 회의장에서라면,

주장: "○○업계에 진출해야 합니다."

사실: "SNS상에서도 잠재적인 니즈가 확인되고 있고, 다른 회사는 아직 움직임이 없습니다. 지금 진출하면 비용이 거의 들지 않습니다."

논거: "니즈가 두드러지면 너도나도 시장에 뛰어들 것입니다. 지금이 기회입니다."

어떠한 의견을 제시하기 전에 먼저, 주장:□□□, 사실:□□□, 논거:□□□ 식으로 빈칸을 만들어 그것을 채워 보자.

주장: "이 길을 달리는 건 그만두자."

사실: "지난달 이곳에서 사고가 두 번이나 있었어."

논거: "가시거리가 좋지 않아 위험해!"

이 작업이 익숙해지면 머릿속에 3개의 빈칸이 저절로 그려진다. 이 과정을 거치면 주장은 있는데 사실에 부합하는 객관적 수치 내지는 사실관계가 없거나, 주장과 사실을 연결 지을 논거가 불충분한 경우가 사라진다. 게다가 주장, 사실, 논거 중에서 본인에게 부족했던 사고가 무엇인지를 깨닫게 되는 계기도 된다.

'주장', '사실', '논거'의 3단계를 거쳐 설명하게 되면서, 내 말의 설득력은 비약적으로 높아졌다. 나도 놀랄 정도로 회의에서 내 의견이 반영되었다. 외국계 컨설턴트와 치열한 논쟁을 할 수 있게 되었고, 실적을 인정받아 연 3천억에 달하는 예산 편성 작업을 맡기도 했다. 그리고 지금은 비즈니스 스피치 학원을 경영하며, 그렇게나 싫어하던 '로직'이라는 단어를 사용하며, 논리적 사고와 설득력에 관한 연수를 이어가고 있다. 싫어하거나 못하는 것도 할 수 있게 되면 나의 역량이 된다.

설명을 잘하는 사람은 '주장 → 사실 → 논거'로 논리를 구축한다.

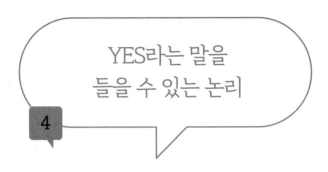

4

YES라는 말을
들을 수 있는 논리

설명을 잘하는 사람은 주장과 논거의 연관성을 접속사

'⬚'으로 강화한다.

'제대로 설명했는데 이해받지 못했다', '논리적으로 완벽했는데 거절당했다', 'YES라는 말을 듣기가 힘들다'라고 말하는 이들이 있다. 이는 나는 해야 할 말을 명확하게 주장했는데, 상대방 얼굴에는 의문부호가 가득 찍힌 그런 상황이다.

이럴 때 주의해야 할 세 가지 '함정'이 있다. '나는 설명을 잘해'라고 생각하는 사람일수록 빠지기 쉬운 함정이다. 반드시 체크해 보길 바란다.

① 전제가 맞지 않는 경우

나는 약 2년 동안 TV아사히 방송프로그램에서 디베이트 심사위원을 맡은 적이 있다. 히로유키 씨와 래퍼로 유명한 료후 카르마 씨가 예능인들과 토론을 하는 방송이었는데, 디베이트에 능숙한 사람은 대부분 **'전제를 선점하는 작업을 먼저 한다'**는 사실을 알게 되었다.

예를 들어 '인생에서 소중한 것은 사랑이냐 돈이냐'라는 주제에서 '사랑'을 주장할 경우, "인생에서 가장 중요한 것은 가족이죠."라고 이야기의 방향성을 선점하는 것이다. 그것이 전제로 굳어지면 '가족은 돈으로 살 수 없기에 사랑이 중요하다'는 논리가 승리하게 된다.

평소 직장 내 대화에서도 '그는 좋은 사람이야'라고 주장하고 싶은데, '좋은 사람이란 약속을 잘 지키는 사람' 내지는 '어려운 상황을 보면 손을 내밀어 주는 사람'과 같이 좋은 사람이라는 보편적 전제에 상대방이 부합하지 않으면, 그가 좋은 사람인 것을 설득하기가 힘들다.

비품 구매를 위한 품의서를 올릴 때 '3만 엔 정도는 괜찮겠지'라는 생각에 품의서를 작성했는데, 상사는 1만 엔 미만을 생각했다면, 비품 구매에 대한 타당성을 아무리 열심히 설명해도 전제가 일치하지 않기 때문에 승인을 받아내지 못할 것이다.

전제란 주장하는 내용의 정의다. 전제가 일치하는지를 가장 먼저 체크해야 한다.

② 사실이 미흡한 경우

'주장은 있는데 팩트가 부족'한 경우도 많다. 앞에서 다룬 툴민 논증모델에서 살펴봤듯이, '사실'이란 주장을 뒷받침하는 객관적 수치 내지는 사실관계로, 흔히 '팩트Fact'라고 부른다.

최근 'TV 시대의 종식'이라는 말을 자주 듣는다. 유튜브의 등장으로 TV를 보는 인구가 줄었다는 것인데, 얼핏 들으면 맞는 말 같지만 그렇지 않을 수도 있다. TV 재방송을 언제든 시청할 수 있는 TVer(티버) 서비스도 시작되었고, 60세 이상의 경우 대부분 TV를 시청한다는 조사 결과도 있다. 앞으로 고령화가 더 진행되면 지금은 스마트폰으로 유튜브를 보는 사람도 60대가 되면 TV 시청으로 돌아설지 모른다. 따라서 아직은 TV 시대가 끝났다고 확언할 수 없다. 주장을 뒷받침하는 사실이 불충분하기 때문이다. 주장을 뒷받침하는 수치 내지는 사실관계가 충분한지를 검증해야 한다.

③ 논거가 희박한 경우

아무리 주장이 명료해도 논거(이유)가 희박하면 납득하기 힘들다. '주관적 느낌'으로는 주장을 관철할 수 없다. 예를 들어, 직장 내 친

목 도모를 위해 '한 달에 한 번씩 담소를 나누는 시간을 가져요'라는 의견을 상사에게 제안했다고 하자. 하지만 논거인 '잡담이 인간관계를 좋게 한다'는 증거를 제시하지 못했으므로 채택되기는 힘들 것이다.

논거를 강화할 필요가 있다. 이를 위해 '왜냐하면'이라는 말을 평소 입버릇처럼 해 보는 것을 추천한다.

> "흑와규 버거를 먹읍시다!" → '왜냐하면 100만 개 한정이기 때문에'
>
> "주말에 영화를 봐." → '왜냐하면 일을 억지로라도 잊을 수 있는 시간을 만들 필요가 있기 때문에'
>
> "매일 25그램씩 견과류를 섭취하자." → '왜냐하면 불포화지방산이 풍부해 건조한 피부와 안티 에이징에 효과가 있으니까'

막연하게 행동하지 않고, 명확한 이유를 생각하는 간단한 훈련 방법이다. 상대방을 납득시키느냐 못하느냐는 종이 한 장 차이다. 이 3가지 함정을 꼼꼼하게 점검하여 상대방에게 'YES'를 들을 수 있도록 논리를 확립해 보길 바란다.

설명을 잘하는 사람은 주장과 논거의 연관성을 접속사

' 왜냐하면 '으로 강화한다.

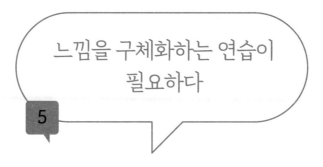

느낌을 구체화하는 연습이
필요하다

5

설명을 잘하는 사람은 ' _____ **,비유하기, 분할하기'로 언어화
한다.**

"오늘 모임에 입고 가려는데 두 옷 중에 어느 게 더 좋아?"라고
물어보는 경우가 있다. 그런데 실제로는 대부분 본인이 결정해놓고
물어보는 경우가 많다. 자신이 선택한 이유가 있긴 한데 명확하게
모르니 다른 사람에게 물어보는 것이다.

"잘 모르겠지만 찬성입니다." 내지는 "그 플랜은 괜찮은 거 같기
도 해요."라는 말들도 그렇게 생각하는 이유를 말로 설명하지 못하
니 애매하게 대답하는 것이다. 그렇게 생각하는 분명한 이유가 있

는데, 언어로 표현하지 못한다는 건 참으로 안타까운 일이다.

이번 장에서는 자신이 느끼는 것을 '언어화'하는 구체적인 방법을 소개하고자 한다.

영화에 대한 감상을 나누는데, "그 영화 어땠어?"라고 물었을 때 상대방이 "그럭저럭 재밌었어."라고 말한다면 너무 애매하고, 대화를 계속 이어가기도 힘들 것이다.

이럴 때는 다음 셋 중 하나를 선택하여 언어화해 보자.

① 한 장면을 **픽업하기**

"20초 남겨놓고 침묵 속에서 득점했을 때, 이어지던 환성 소리 최고로 감동적이었어!"

② 비슷한 다른 장면과 **비유하기**

"원피스의 『해적왕이 되다!』처럼 설정이 명쾌하고 정말 재밌었어!"

③ 장면별로 **분할하기**

"전반은 해설이 너무 길어 지루한데, 대신 후반부는 정말 통쾌했어!"

약 10초 정도의 짧은 토크지만 '그럭저럭 재밌었어'보다는 감상이 구체적이지 않은가?

언이화의 포인트는 '픽업히기', '비유하기', '분할하기'다.

① 픽업하기

"단맛과 신맛이 절묘하게 어우러져 정말 맛있어요!"

음식을 먹을 때 단순히 '맛있다'라고만 하면 어떤 맛인지 전달되지 않는다. 더욱 구체적인 단어를 픽업해 보자.

'미각'이라는 단어를 구체화하면 '단맛', '신맛', '매운맛' 등 여러 가지 표현을 사용할 수 있고, 단순히 '맛있다'보다는 의미 전달이 명확하다.

② 비유하기

"이 토마토는 마치 복숭아처럼 달아요!"

"겉모습이 마치 사과처럼 생긴 토마토네요."

닮은 것에 비유하면 상대방은 이미지를 그리기 쉬워진다.

③ 분할하기

"처음에는 신맛이 나는데, 뒤에서는 단맛이 점점 올라오네요."

상사가 부하에게 자주 하는 "더 좋은 아이디어 없어?"라는 질문도 추상적이고 막연하다. 이때 '좋은 아이디어'라는 단어를 "지금까지 아무도 시도해 보지 않은 그런 거 없을까?"라거나 "흔하지만, 모두에게 필요한 게 뭘까?"라고 분할하면 질문은 구체화된다.

이렇게 질문하면 대답하는 사람도 질문한 의도를 쉽게 파악할 수 있다.

하나의 주제로 화제를 집중시키는 '픽업하기' 작업을 잘하는 사람이 있고, 비슷한 것을 비교하는 '비유하기' 작업에 능한 사람도 있다. 또한 말을 분석하는 '분할하기'를 잘하는 사람도 있다. 본인이 가장 잘하는 것을 선택하여 실천해 보길 바란다.

설명을 잘하는 사람은 ' 픽업하기 ,비유하기, 분할하기'로 언어화한다.

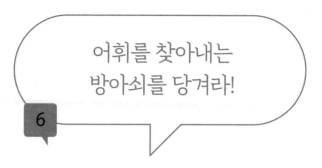

어휘를 찾아내는
방아쇠를 당겨라!

6

설명을 잘하는 사람은 [　　] 어와 [　　] 어를 방아쇠로 어휘력을 늘린다.

어휘력이란 상황과 상대에 맞게 언어를 적절하게 구사하는 능력을 말한다. 감상 소감을 묻는 말에 그저 '좋았어요'라고도 할 수 있지만, '최근 1년 동안 본 것 중에서 최고였어요', '박진감이 넘쳤어요', '완전 감동이었어요' 등 대체할 수 있는 표현들은 많다. 어휘력이 좋은 사람이란 대체할 표현력을 다양하게 가진 사람이다.

우리 학원에서도, '평소 대화에서 저의 빈약한 표현력을 실감하고 있어요', 'SNS에서 똑같은 단어만 돌려 쓰고 있어요', '순발력도 부족하고 말을 조리 있게 못해요' 등 이런 고민을 하는 이들이 많다. 한 연구에 의하면, 평범한 사람은 3~5만 개의 단어를, 지식과 교양이 풍부한 사람은 5만 개 이상의 단어를 알고 있다고 한다. 다시 말해 우리는 이미 많은 단어를 체내에 축적하고 있다.

학원 강의프로그램 중에 '외국어 사용 금지 수업'이 있다. 수강생들에게 평소 외국어로 표현하던 말을 모국어로 대체하게 하는 훈련이다. 예를 들어, '디스커션discussion이라는 단어 사용을 못 하게' 하면 '논의하다', '상의하다', '의견을 교환하다' 등 다른 단어로 바꿔 말한다.

'마스터master하다'는 '배우다', '습득하다', '숙달하다' 등으로, '이레귤러irregular'는 '예상 밖의', '불규칙한', '예측하지 못하는' 등으로 표현한다. 실제로 해 보면 의외로 꽤 다양한 단어들이 등장한다.

당신의 창고에는 이미 많은 어휘가 저장되어 있다. 우리에게 필요한 것은 저장된 단어들을 순식간에 끄집어내는 트리거, 아니 외국어 사용 금지이니까 '트리거'가 아닌 '방아쇠'다.

어휘를 끄집어내는 방아쇠가 되는 것이 '유의어'와 '반의어'다.

'유의어'란 문자 그대로 뜻이 서로 비슷한 말이다. '예쁘다'를 다른 말로 바꾸면 '아름답다', '멋있다', '관능미가 있다' 등으로 표현할 수 있는데, 그중에서 문장의 맥락에 가장 어울리는 뉘앙스의 단어로 대체하면 된다.

'예쁘다' = (　　　)이다.

반의어란 뜻이 서로 반대되는 말이다.

'그는 성실하다'의 반의어를 생각해 보자.

'그가 불성실한 모습을 본 적이 없다', '그는 어설픈 구석이 전혀 없다', '그는 대충하는 법이 없다', '그는 조금은 적당히 해도 될 것 같다'

'성실함' ⇔ (　　　)이다.

어휘력을 키우려면 '단어를 많이 외워야지'라고 생각하기 쉽지만, 그렇지 않다. 당신은 이미 높은 어휘력을 가지고 있다. 짧은 시간 안에 **유의어 '비슷한 말은?' 또는 반의어 '반대말은?'을 찾아낼 수 있으면 된다.** 이런 행위가 당신의 뇌를 자극해 '아! 이런 단어도 있었지' 하면서 잠자고 있던 어휘를 깨워줄 것이다.

설명을 잘하는 사람은 유의 어와 반의 어를 방아쇠로 어휘력을 늘린다.

청중을 매료시키는
'프레젠테이션'

제5장

The art of
conversation

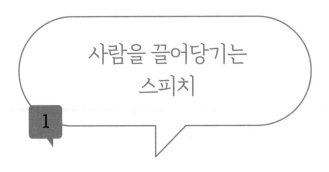

사람을 끌어당기는
스피치

1

프레젠테이션을 잘하는 사람은 '주제 → [____] → 위기 →

[____]'의 흐름으로 스토리를 만든다.

대중 앞에서 말을 잘하는 사람은 흡입력이 있어 저절로 귀를
기울이게 된다. 그런데 재미있는 이야기에는 **'공통된 흐름'**이 있
다. 비단 스피치뿐만이 아니라 옛날이야기나 만화, 영화에도 이러
한 흐름은 빈번하게 사용된다.

신데렐라 이야기를 예로 들어보자.

① 신데렐라는 계모와 언니들에게 엄청난 구박을 받는다.

② 신데렐라 앞에 마법사가 나타나 무도회에 갈 수 있게 된다.

③ 그런데 유리 구두를 잃어버린다.

④ 왕자님이 데리러 와 해피엔드로 끝난다.

① 이야기가 시작된다 → ② 상황이 전개된다 → ③ 위기에 봉착한다 → ④ 결말을 맞이한다의 흐름으로 구성된다. 바로 학교에서 배운 '기승전결起承轉結'이다. **'기'에서 이야기가 시작되고, '승'에서 이야기가 펼쳐지며, '전'에서 전환점을 맞이하여, '결'로 마무리된다.**

물론 모든 스토리가 이런 구성은 아니지만, '기승전결'이라는 단어는 16세기 중반의 국어사전에도 수록될 만큼 역사가 긴, 왕도 중의 왕도다.

'기승전결로 이야기해 보세요'라고 하면 어떻게 해야 하나 막연할 것이다. 그럴 땐 이렇게 하면 쉽다.

기 = '주제' → 승 = '호기' → 전 = '위기' → 결 = '역전'

발표나 프레젠테이션, 자기소개 또는 인사말 등에 활용할 수 있다.

<상품 프레젠테이션>

주제 = 속 근육을 단련하는 밸런스 볼을 개발했습니다.

호기 = 코로나의 영향으로 홈코노미 시장이 활성화하면서 히트 상품이 되었습니다.

위기 = 그러나 점차 수요가 감소하여 재고가 산더미처럼 쌓였습니다.

역전 = 한 줄기 희망을 가지고 지인의 도움을 받아 요양시설에 판매하게 되었는데, 폭발적인 인기를 얻어 TV에까지 소개되었습니다.

<자기소개>

주제 = 나는 자칭 '건강 오타쿠'입니다.

호기 = 가공식품을 끊은 후 건강도 되찾고 스트레스도 사라졌습니다.

위기 = 실은 과거에 과도한 정크푸드 섭취와 업무 스트레스로 쓰러져, 응급실에 실려 간 적이 있었습니다.

역전 = 그때를 계기로 철저한 식단 관리를 하게 되었고, 지금은 신체 나이가 열 살이나 어려졌습니다.

<결혼식에서 친구의 인사말>

주제 = 결혼을 진심으로 축하합니다.

호기 = 신랑은 정말 신부밖에 모르는 팔불출입니다.

위기 = 그런데 양심의 가책을 느낄 때마다 콧구멍이 커지는 버릇이 있으니 조심하세요.

역전 = 하지만 안심하셔도 됩니다. 신랑에게 그럴 일은 없을 테니까요. 그건 제가 장담합니다.

이 네 가지 흐름에 대입하면 스토리 전개가 완성된다. 드라마를 보면 시간이 순식간에 지나가는데, 스토리에는 사람을 끌어당기는 힘이 있어 몰입하게 되는 것이다.

'주제 → 호기 → 위기 → 역전'의 흐름으로 스토리를 만들어보자.

프레젠테이션을 잘하는 사람은 '주제 → 　호기　 → 위기 → 　역전　'의 흐름으로 스토리를 만든다.

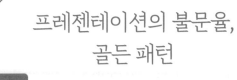

프레젠테이션의 불문율,
골든 패턴

2

프레젠테이션을 잘하는 사람은 상대방의 [   ]를 확인하고 제안한다.

성공적인 프레젠테이션의 정석은 상대방이 기대하는 가치 이상의 제안을 하는 것이다. '기대하는 가치'란 내용, 금액, 효능 등을 포괄하는 개념이다.

예전에 나는 '이 상품은 훌륭합니다!', '반드시 이 시스템을 회사에 도입해야 합니다!'라고 진정성 있게 전달하면 제안이 받아들여질 거라 착각했다. 그래서 프레젠테이션도 의지와 근성으로 밀어붙였다. 하지만 내가 하고 싶은 이야기의 연장선상에 상대방의 YES

는 없었다. 수천 번의 프레젠테이션에서 고배를 마신 경험을 통해 내가 얻은 교훈은 **'본인이 하고 싶은 말에 가치를 두면 프레젠테이션은 반드시 실패한다'**는 것이다.

프레젠테이션으로 성공하는 사람에게는 성공하는 패턴이 있다.

스텝① : 상대방의 '기대'를 확인한다.
스텝② : 그것을 뛰어넘는 '제안'을 한다.
스텝③ : ①과 ②를 '비교 검토'하도록 한다.

쉬워 보여도 실제로 해 보면 절대로 쉽지 않다. ②번이 특히 그렇다. '상대방의 기대를 뛰어넘는 제안은 너무 어려워' 나도 처음에는 그렇게 생각했다. 하지만 이 또한 프레젠테이션의 묘미다. 대부분은 ②에 집중하지만 뛰어난 프레젠터는 ① **'상대방의 기대를 확인한다'에 90%의 에너지를 쏟는다.**

이해가 쉽도록 진료 의사를 예로 들어보자. 가령 당신의 몸 상태가 계속 좋지 않다. 위장 부근에 극심한 통증이 느껴진다. '심각한 병이려나' 걱정이 되어 병원을 찾았다. 그런데 의사가 증상에 대해 제대로 듣지도 않고 '알겠습니다. 위장약을 처방해 드릴게요' 하면서 1분 만에 진료를 마쳤다면, 당신의 마음은 몹시 불안해질 것이다.

하지만 단 5분이라도 담당의가 당신의 이야기를 찬찬히 들어줬다면 어땠을까? 그것만으로도 마음은 한결 안정될 것이다. '진료를 해 주고, 적절한 처방을 해 주고, 증상까지 들어 주며 걱정을 덜어 주는 것'. 이것이 바로 상대방이 기대한 이상의 서비스다. 이야기를 들어 주는 시간이 1분이든 5분이든 처방받는 약은 같은데 말이다.

내 이야기를 누군가에게 하는 것만으로도 마음이 안정되는 현상을 심리학에서는 카타르시스(정화) 효과라고 한다. 답답한 심정을 누군가에게 들려주려면 그것을 언어로 표현해야 하는데, 그 과정에서 자신의 기대를 선명하게 깨닫게 된다.

이는 스텝①의 '기대를 확인'하는 작업을 충실하게 수행해 준 상대방이 있었기에 가능했다. 게다가 상대방은 '기대를 함께 실현하자'며 격려도 해 준다. 당연히 용기가 생길 수밖에 없다. 프레젠테이션의 성패는 여기서 결정난다고 해도 과언이 아니다.

'예산을 살짝 초과했지만, 웨딩 플래너가 이야기를 잘 들어 주어 만족스러운 결혼식이 되었다'라는 이야기를 어디선가 들어본 적이 있을 것이다. '고급 음식점이 비싸기는 했지만 여러 가지 요구사항을 섬세하게 들어 주고 추천도 잘해 줘서 좋은 시간이 되었다'는 것도 비슷한 경우다. 기대 확인에 전력투구하여 공통된 인식에 이르는 과정을 생략한 채 제안해 봤자 사상누각일 뿐이다.

제안은 곤란한 사람에게 도움을 주는 행위다. '어떤 고민이 있는지', '무엇을 하고 싶은지' 등 상대방의 기대를 명료화하는 작업이 프레젠테이션의 불문율이다.

프레젠테이션을 잘하는 사람은 상대방의 기대 를 확인하고 제안한다.

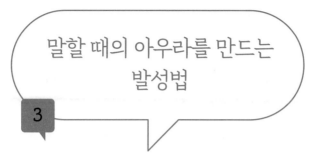

말할 때의 아우라를 만드는
발성법

3

**프레젠테이션을 잘하는 사람은 '속도, 음정,　　　　'에 변화를
준다.**

'설득력을 높이고 싶으면 천천히 낮은 톤으로'

'활력 있게 말하고 싶으면 평소보다 고음으로'

흔히 이런 말들이 발성법의 정설로 통하지만, 사람들을 매료하는
발성법은 결국 케이스 바이 케이스다. 상대방의 상황과 장소에 따
라 발성법은 달라지므로 일률적으로 말하지 못하는 부분이 있다.
하지만 딱 한 가지 확실하게 말할 수 있는 게 있다면 **'변화를 주지
않으면 지루하다'**는 것이다. 대표적인 예로 불교 경전을 읽을 때를

떠올려 보면 된다. 일정한 리듬의 경을 읊는 소리를 듣다 보면 저절로 눈이 감기고 만다. 변화가 없기 때문이다. 프레젠테이션도 청자를 수면으로 유도해 버리면 모든 노력은 물거품이 된다.

유명한 프레젠터 중에도 일정한 속도로 점잖게 말하는 사람이 있다. 하지만 꼭 전달해야 하는 중요한 부분에서는 호흡량도, 어투도 달라진다. 변화를 통해 중요한 부분을 강조하려는 의도다. 반대로 우렁찬 말투를 애절한 목소리로 바꾸기도 하는데, 이 또한 내용을 집중시키기 위한 연출이다.

눈이 커질 정도로 맛있는 음식을 먹으면 '아, 맛있어!'라는 말이 절로 나온다. 이렇게 **감정이 실리면 목소리에도 변화가 생긴다.** 그런데 '감정을 실어 목소리에 변화를 줘야지' 하고 마음먹어도 좀처럼 뜻대로 되지 않을 것이다. 따라서 초기 단계에는 테크닉적으로 변화를 줘 볼 것을 추천한다. 여기서 테크닉이란 다음과 같다.

① 속도: 빨리 말하거나 천천히 말하는 스피드
② 음정: 도레미파솔라시도의 높이. 높은 키로 말하거나 낮은 키로 말하는 것
③ 억양: 강조하고 싶을 때는 강하게, 그 외에는 약하게

이 세 가지에 적절하게 변화를 주면서 말해 보자. 초기 단계에는 발표할 내용을 문장으로 작성해 '빠르게, 느리게' / '높게, 낮게' /

'강하게, 약하게'를 표시해 말하는 연습을 해 보자.

일반적으로 자신을 제어하려는 힘이 작동하기 때문에, 목소리의 톤과 속도에 변화를 주어도 생각보다 티가 나지 않을 수도 있다. 따라서 조금 격하다 싶을 정도의 변화를 주어야만 청자가 듣기에 적절한 수준으로 들릴 것이다.

변화를 주면서 말하다 보면 서서히 감정이입을 하며 말할 수 있게 되는데, 이는 결코 혼자만의 착각이 아니다. 웃는 얼굴을 하면 기분이 좋아지기도 하고, 재미가 없어도 웃다 보면 재미있어지기도 하듯이, **'변화를 주면서 말하다 보면 저절로 감정이입이 된다.'**

자신의 타고난 '목소리'를 바꾸기란 쉽지 않다. 하지만 '발성법'은 의식만으로도 가능하다. 자연스럽게 감정이입을 할 수 있게 된다면, 당신도 말로 상대방의 마음을 사로잡게 될 것이다. 말할 때의 아우라도 박력도 눈에 띄게 달라질 수 있다.

프레젠테이션을 잘하는 사람은 '속도, 음정, 억양 '에 변화를 준다.

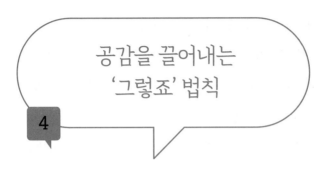

공감을 끌어내는
'그렇죠' 법칙

4

프레젠테이션을 잘하는 사람은 어미에 '   '를 넣어 공감을 유도한다.

모든 영화에는 반드시 주인공이 존재한다. 주인공의 갈등과 결단, 실패와 성공이 공감받는 스토리를 만들어 낸다. 실은 프레젠테이션에서도 공감받는 스토리를 위한 주인공이 있어야 한다. 하지만 그 주인공은 당신이 아니다. 프레젠테이션의 주인공은 바로 청자, '상대방'이어야 한다. 청자가 주인공인 스토리 전개가 공감받는 프레젠테이션의 핵심이다.

말이 조금 이상하게 들릴지 모르지만, **설정을 미리 만들어 두고,**

그곳으로 상대방을 끌어들여야 한다. 그래야만 상대방의 공감을 끌어낼 수 있다.

프레젠테이션 세계의 전설이라고 하면 일본 TV홈쇼핑 1위 업체인 쟈파넷다카다Japanet Takata사를 들 수 있다. 나가사키현長崎県 사세보시佐世保市에 본사를 둔 홈쇼핑 판매를 통해 무려 연 매출 약 2천억 엔을 달성하는 업체다. 그야말로 토크의 귀재다.

예를 들어 태블릿PC를 판매할 경우, 방송을 시청하는 연령대가 고령인 점을 감안하여 "이 태블릿 기능은…."와 같은 설명은 일체 생략해 버린다. 그보다는 다음과 같은 설정을 만든다.

"냉장고에 감자가 수북한데, 어떤 조리법으로 요리할지 고민되시죠? 그럴 땐 태블릿을 가져오세요. 음성 키를 누르고 『감자 조리법』이라고만 말하면 이렇게 다양한 조리법을 알려줍니다."

공기청정기의 프레젠테이션을 할 때도, "최근 코가 간질거리시죠?, 미세먼지가 걱정되시죠?"라고 공감 가는 설정을 한 후에 상대방을 끌어들인다. 나는 어렸을 적, 쟈파넷다카다 홈쇼핑 방송을 자주 보곤 했는데, 쓸 일이 없을 것만 같은 가지치기 가위조차도 사고 싶다는 생각이 들 정도였다.

다음은 유튜브 대학으로 잘 알려진 다나카다 아츠히코中田敦彦 씨가 저서 『잡담의 1류, 2류, 3류』를 소개할 때의 토크 내용 중 일부이다.

"여러분 세상에서 소통이 가장 중요하죠?"

"'난 소통은 꽝이야. 난 소통 공포증이 있어.'라고 생각하시는 분들도 많으시죠?"

"소통의 핵심은 잡담입니다. 잡담에 무슨 힘이 있어? 싶으시죠? 그런데 이게 참 재밌어요. 그렇죠?"

'그렇죠?'라는 말에는 그동안 소통에 별 관심 없던 사람들마저도 '정말 그러네', '듣고 보니 그러네' 하며 공감을 끌어내는 힘이 있다. 나는 이것을 '**그렇죠의 법칙**'이라고 부른다.

소위 잘나가는 사람들은 '이거 합시다!', '저거 합시다!' 하면서 지시하거나 명령하는 프레젠테이션을 하지 않는다. 설정을 미리 만들어 놓고 그곳에 상대방을 끌어들여 함께 어깨동무하면서 걸어가는 방식의 프레젠테이션을 한다.

프레젠테이션에서 공감받는 스토리는 세 가지 스텝을 만족시켜야 한다.

① 상대방이 주인공인 설정을 만든다.

② 어려운 상황을 상상하게 만든다.

③ 그것을 함께 해결해 간다.

스토리가 극적일수록 상대방의 관심도는 높아진다. 발화자가 일 방적인 제안을 하거나 판매를 유도하기 위한 목적으로 하는 행위를 프레젠테이션이라고 생각하기 쉽지만, 절대 그렇지 않다. 프레젠테 이션은 상대방과 함께하는 행위다. 프레젠테이션에 능숙한 고수들 은 그 사실을 잘 알고 있기에, 먼저 공감대를 형성하고 호감을 쌓아 가는 방식을 사용한다.

상대방을 '억지로 움직이게 하는 것'이 아닌 '자발적으로 움직이 게 하는 것'이 진정한 프레젠테이션이다.

프레젠테이션을 잘하는 사람은 어미에 ' 그렇죠 '를 넣어 공감을 유도한다.

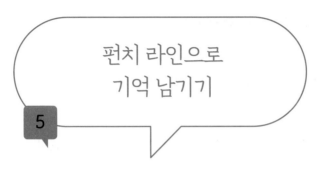

5

펀치 라인으로
기억 남기기

프레젠테이션을 잘하는 사람은 기억에 남는 〔　　　〕 하나를 설정한다.

'이 곡의 이 구절이 머릿속에서 계속 맴돌아~' 하는 노래가 있는가? '펀치 라인punch line'이란 곡 중에서 인상적이거나 뇌리에 박힌 구절 또는 단어를 의미한다.

나는 결과가 좋지 않을 때마다 SMAP의 노래 〈세상에 하나뿐인 꽃〉의 후렴 부분을 흥얼거리는 버릇이 있다. 당신도 특정 노래를 들으면 헤어진 애인이 떠오르거나 친구와의 즐거웠던 추억이 생각나지 않는가? 역시 아티스트는 위대하다. 수십 년이 지나도 우리 머릿속에 한 구절을 새겨놓는 힘을 가지고 있으니 말이다.

이처럼 프레젠테이션으로 상대방의 머릿속에 펀치 라인을 남길 수 있으면 얼마나 좋을까. **인상적이거나 뇌리에 박혀 계속 떠올리게 되는 구절 또는 단어**로 말이다.

프레젠테이션했을 당시에는 계약이 성사되지 않더라도, 그 내용이 기억 속에 계속 남아있다면 언젠가는 계약으로 이어질 수 있다. 상대방과의 계약은 이루어지지 않더라도 상대방을 통해 새로운 거래처를 소개받을 수도 있다.

상대방의 머릿속에 펀치 라인을 남기는 방법은 지극히 단순하다. **'상대방 머릿속에 무슨 단어를 심어 놓을까?'**를 철저하게 연구하면 된다. 말을 잘한다고 생각하는 사람일수록 지나치게 많은 말들을 하다 보니 상대방 기억 속에 아무것도 남기지 못하는 경우가 있다.

"저는 세무사입니다. 회계 처리부터 자금 조달까지를 논스톱 서비스로 제공하고 있습니다. 사원들 보험 관련 업무도 저에게 맡겨 주세요. 사원 교육 또한 실시하고 있사오니…."

→ 여러 업무가 가능한 능력자이지만, 특별한 경쟁력이 무엇인지 어필하지 못하다 보니 결국 상대방 기억에는 남지 않게 된다.

"우리 회사는 창업 당시에는 인터넷 광고를 전문으로 하는 기업이었으나, 10년 전부터 제작 회사로 전환하여 현재는 의류업계에서 활약하고 있습니다."

→앞부분 이야기는 왜 굳이 언급했을까? 결국 이런 내용은 무엇을 제안하고 싶은지 혼란만 줄 뿐이다.

면접도 어떤 의미에선 프레젠테이션이라 할 수 있다. '면접관에게 무슨 단어를 남길까?'부터 결정해야 한다. 어떤 사람으로 보이고 싶은지를 생각하는 것이다.

'돌파력', '인내력', '밝은 성격', '애교', '성실함' 등 사람마다 특성은 다양하지만, 무미건조하고 특색 없는 이미지만큼은 피해야 한다. **특색 없이 느껴지는 건 캐릭터가 없어서가 아니라 캐릭터를 설정하지 않았기** 때문이다.

'이번에 드디어 첫 데이트를 하게 되었어요!'라는 사람이 있다면, 이 또한 자신을 프레젠테이션해 볼 수 있는 절호의 기회다. 데이트가 끝났을 때 상대방이 나를 어떤 이미지로 기억해 주길 바라는가?

'착하다', '안심된다', '즐겁다', '웃기다' 등을 미리 설정해 보자. **한 단어로 표현해야 상대방도 기억하기가 쉽다.**

"저 디저트 집은 티라미수, 롤케이크, 푸딩, 밀푀유, 마카롱이 맛있어요." 이렇게 말하면 너무 많아 외우기가 힘들다. "저 디저트 집은 티라미수 맛집이래요."라고 소개하는 편이 기억에 더 남는다. 모든 디저트가 맛있더라도, 티라미수만을 강조하는 편이 훨씬 효과적이다.

'상대방 머릿속에 무슨 단어를 남길까'를 결정한 뒤에는 이를 풀스윙으로 전달하자. 이 방식을 터득하면 기억에 남는 프레젠테이션에도 과감한 변화가 생길 것이다.

프레젠테이션을 잘하는 사람은 기억에 남는 ┌단어┐ 하나를 설정한다.

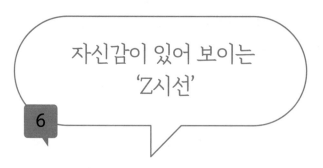

자신감이 있어 보이는
'Z시선'

**프레젠테이션을 잘하는 사람은 자신감 있는 '⬚, 시선, 표정'
을 만든다.**

세상에는 두 유형만이 존재하는 줄 알았다. '자신감이 있는 사람'
과 '자신감이 없는 사람'. 그런데 수많은 프레젠테이션을 관찰하면
서, 또 다른 유형이 존재한다는 것을 깨달았다. 바로 자신감이 없어
도 자신감이 있어 보이는 사람이다. 나는 지금까지 사람들 앞에서
말을 잘하는 사람을 만날 때마다 "어찌 그리 당당하게 말을 잘하시
나요?" 하며 비법을 물어왔다.

그러면 놀랍게도, "실은 많이 긴장했어요.", "그래 보이지만 손은

땀으로 범벅입니다.", "다리가 아직도 후들거려요." 등의 말을 하는 사람들이 꽤 많다는 것을 알게 되었다.

겁이 많은 성격이라 철저히 준비했다고 한다. 그런데도 자신이 없어 자신감 있어 보이는 방법을 연마했다고 한다. '그래서 자신이 없는데도 당당해 보였던 거구나' 납득이 갔다.

'자신 없는 내용을 자신 없게 말하는 건 당연해'라고 생각하는 사람도 있겠지만, **자신 없는 내용을 말하는 것과, 자신 없게 말하는 것은 차원이 전혀 다른 문제다.** 게다가 이왕 말할 거라면 자신감 있는 게 낫다. 이런 생각이 들었다면 지금부터는 실제로 할 수 있는 것들을 배워야 한다.

① 자신감이 있어 보이는 자세

자신감이 없어 보이는 사람의 자세는 대체로 등이 굽고 어깨가 말려 있다. 굽은 어깨를 '라운드 숄더'라고 하는데, 책상에 오래 앉아 있으면 어깨가 점점 말릴 수 있으므로 주의가 필요하다. 등을 꼿꼿이 세우고 어깨를 활짝 펴주는 것만으로도 위풍당당한 모습을 연출할 수 있다.

② 자신감이 있어 보이는 시선

자신감이 없어 보이는 사람의 시선은 늘 아래로 향한다. 손에 쥔 자료에 시선을 고정한 채 홀로 대본을 읽는 듯한 모습이다. 자신감이 있어 보이는 사람은 시선을 넓게 사용한다. 말하자면 '**Z시선**'이다. 안쪽 왼쪽부터 오른쪽으로 시선을 훑고 나서, 앞쪽 왼쪽부터 오른쪽으로. 그리고 다시 안쪽으로 돌아가 왼쪽부터 오른쪽으로. 마치 눈으로 알파벳 Z자를 그리듯이 시선을 주면서 말한다. 이 행동만으로도 회의장 전체를 크게 살펴보면서, 여유 있게 말하는 듯한 인상을 줄 수 있다.

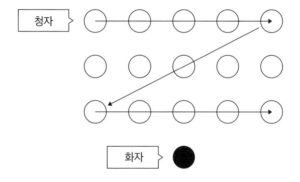

③ 자신감이 있어 보이는 표정

자신감 없어 보이는 사람의 얼굴은 눈썹 끝은 아래로 향하고, 볼 근육은 처져 있으며, 입꼬리는 내려가 있다. **자신감이 있어 보이는**

160

표정이란 전체적으로 얼굴을 위로 잡아당긴 듯한 모습이다. 얼굴에는 30종류나 되는 얼굴 근육이 있는데 모든 근육을 의식하며 사용하기란 어려운 일이다. 하지만 딱 한 가지, 프레젠테이션할 때 입을 크게 벌리는 것만큼은 의식해야 한다.

입을 크게 벌리면 표정은 저절로 위를 향하게 된다. 입이 크기로 유명한 시노하라 료코, 요시다 미와, 가토리 싱고 씨 등은 밝은 인상과 활력있는 이미지를 가지고 있다. 최소한 앞니 6개가 보이도록 입을 크게 벌리고 말해 보자.

지금까지 자신감이 있어 보이는 스킬 3가지를 소개했다.

자신이 없어도 연습한다는 생각으로 자신 있게 말해 보도록 하자. 일설에 따르면 세포의 평균 수명은 대략 90일 정도라고 한다. 3개월 정도를 꾸준히 연습하다 보면 자신감 있는 세포로 교체될지도 모른다.

프레젠테이션을 잘하는 사람은 자신감 있는 '　자세　, 시선, 표정'을 만든다.

물 흐르듯 매끄러운
나만의 '전달 방식'

제6장

The art of
conversation

> # 의사전달은 단호하게,
> # 배려는 충분히!

1

관계가 유연한 사람은 상대방을 ⬚ **하며 자기주장을 한다.**

예전에 회사생활을 할 때 앙숙처럼 지냈던 사람이 있다. 그 사람과는 손톱만큼의 의견도 맞지 않아 모든 사안에서 부딪혔고, 누군가의 개입이 필요할 정도로 언성 높여 싸우기도 했다. 서로 얼굴만 봐도 반론을 제기하고 싶어지는 그런 사이였다.

나는 '이래서는 안 되겠다' 싶어 일단 그 사람의 말을 찬찬히 들어보기로 했다. 회의 시간에 한마디도 끼어들지 않고, 계속해서 그 사람 말에 귀를 기울였다. 그랬더니 스트레스가 쌓여 감정이 폭발해 버릴 것만 같았다. 또다시 싸움으로 이어지고…. 결국 그 사람은 회사를 떠나게 되었고, 각자 다른 길을 걷게 되었다.

돌이켜 보면 그 당시의 나는 너무나 미숙했다. 본인이 하고 싶은 말을 상대방에게 치받는 방식으로만 표현하는, 제한적 소통을 한 것이다.

지금까지 수많은 연수를 개최하면서 사람마다 소통방식이 다르다는 사실을 알게 되었다. 크게 네 가지 부류로 나눌 수 있다.

① 공격하는 유형: 본인은 상처받지 않는다 & 상대방은 상처받는다.

상대방의 감정과 상관없이 본인이 하고 싶은 말을 직설적으로 표현하는 사람이다. 이러한 소통방식은 분노의 화살을 상대방에게 겨누고, 상대방을 굴복시키고자 하는 유형이다. 그 당시의 나는 완벽하게 이 유형에 속했다.

② 침묵하는 유형: 본인은 상처받는다. & 상대방은 상처받지 않는다.

공격하는 스타일과는 정반대로, 침묵으로 일관하며 아무 말도 하지 않는 유형이다. 하고 싶은 말이 있어도 꾹 참는다. 상대방은 상처받지 않지만, 본인의 마음은 너덜너덜해진다. 힘들게 참는 사람도 꽤 많다.

③ 비꼬거나 험담하는 유형: 본인도, 상대방도 상처받는다.

이를 수동적인 공격이라고도 한다. 은근슬쩍 빈정대거나 상대방이 듣도록 한숨을 쉬거나, 당사자가 없는 곳에서 헐뜯거나, 안 좋은 소문을 퍼트리는 것. 적극적으로 공격하지는 않지만, 뒤에서 소극적으로 공격하는 유형이다. 당하는 사람은 기분이 상하지만, 실은 험담을 하는 쪽도 썩 유쾌하지만은 않다. 험담하고 나면 왠지 모르게 마음이 꺼림직하고 짜증이 나기 때문이다.

④ 어썰티브^{Assertive}: 본인도 상대방도 상처받지 않는다.

나에게 부족했던 것이 이 네 번째 유형이다. 어썰티브라는 단어가 어렵게 들릴 수도 있는데, 풀어 말하면 상대방을 '배려'하면서 자기주장을 하는 것이라 할 수 있다. 가장 이상적인 소통방식이다. **상대방을 충분히 배려하면서도 의사전달은 단호하게 하는 것.** 이는 원만한 인간관계를 형성하기 위해 매우 중요한 요소다. 연수에서 '어썰티브 커뮤니케이션'이라는 단어를 자주 사용한다.

사람들의 의견이 늘 같다면 서로 날을 세울 일은 없을 것이다. 의견이 서로 다를 때 날카로워진다. 각자의 생각이 모두 다르기에 의견 차이는 어쩔 수 없이 생길 수밖에 없다. 그럴 때 어썰티브를 발동하지 않으면 치열한 배틀로 이어지고 만다.

그렇다면 구체적으로 어떻게 대화를 해야 할까. 뒤에서 자세히 설명하고자 한다.

관계가 유연한 사람은 상대방을 배려 **하며 자기주장을 한다.**

> ## 주장이 대립될 때 갈등 없이
> ## 내 의견 관철하는 법
>
> **2**

관계가 유연한 사람은 어썰티브 요소를 [   ] 전달한다.

의견이 같으면 싸움으로 번질 일은 없다. 문제는 서로의 주장이 대립할 때다. 예를 들어, '나는 A안을 밀고 싶은데, 상대방은 B안을 밀고 싶다'와 같이 의견이 서로 다를 때, '내가 이 말을 하게 되면 상대방이 기분 나빠할지도 몰라', '이걸 부탁하면 상대방이 나를 싫어할지도 몰라' 하면서 주저하게 되는 경우다.

이런 경우 앞에서 말한, 상대방을 배려하면서 자기주장을 말하는 어썰티브 스타일의 대화법으로 말해 보자. 그러나 상대방을 배려하는 것도 좋지만 본래 사람은 자신이 하고 싶은 말이 가장 먼저 떠오르게 되어 있다. 그러니 본능을 거스르려 들지 말고 자연스러운 흐름대로 자신의 의견부터 생각하도록 하자.

상대방을 기분 나쁘게 하지 않으면서 자신의 주장을 관철하는 방법은 다음과 같다.

스텝① : 본인의 의견을 생각한다.

스텝② : 상대방을 배려하는 말을 생각한다.

스텝③ : ②→①의 순으로 상대방에게 전달한다.

스텝① : 본인의 의견을 생각한다 (예시)

· 이번 분기는 예산이 빠듯한 만큼 비용이 절감되는 A안으로 했으면 한다.

· 회의가 끝나면 의자를 제자리에 정리하고 회의실을 나갔으면 한다.

· 다음 주 월요일까지 의사록을 작성해 주었으면 한다.

· 발표 때 '에~'라는 말버릇을 자제해 주었으면 한다.

· 내일까지 아이디어 5개를 가져왔으면 한다.

스텝② : 상대방을 배려하는 말을 생각한다 (예시)

〈승인〉 B안은 매우 참신해. 지금까지 못 보던 발상이라 흥미로웠어.

〈감사〉 매번 회의 준비를 하느라 고생이 많아.

〈사과〉 바쁜 상황에서 이런 이야기 미안한데….

〈개량〉 발표한 내용이 매우 훌륭했지만 앞으로 더 발전하라는 차원에서 한 가지만 지적하고 싶은데 해도 될까?

〈보충〉 이번에는 완성도를 보지 않을 테니….

스텝③ : ②→①의 순으로 상대방에게 전달한다 (예시)

단순히 상대방이 'A안으로 했으면 한다'라는 말을 들었을 때와, '○○ 씨의 B안은 매우 참신해. 지금까지 못 보던 발상이라 흥미로웠어'라고 인정해 준 후에, '이번 분기는 예산이 빠듯하니까 비용이 절감되는 A안으로 했으면 한다'라는 말을 들었을 때와는 받아들일 때의 느낌이 전혀 다르다.

무턱대고 "발표 때 '에~'라는 말버릇을 자제해 주었으면 좋겠어."라고 지적하기보다는 "발표한 내용이 정말 훌륭했는데…."라고 운을 떼고 나서 조언한다면 상대방은 불쾌하지 않게 받아들일 것이다.

갑자기 "내일까지 아이디어 5개를 만들어 와."라고 하면 갑작스러운 요구에 당황하겠지만, "이번에는 완성도를 보지 않을 테니…."라고 추가 설명을 덧붙이면 '일단 생각은 해 보지 뭐.'라는 마음이 들게 된다.

상대방을 배려하는 5가지 요소인 '**승인, 감사, 사과, 개량, 보충**'을 먼저 말하고 **상대방의 의견, 상황, 감정을 고려하며 본인의 의견을 전개하는 것**. 이것이 바로 상대방을 배려하는 대화의 흐름이다.

어썰티브한 대화 방식을 여러 예를 통해 살펴보았는데, 강조하고 싶은 것은 단 하나다. 자신의 주장을 관철하고 싶으면 상대방의 입장을 배려해야 한다는 것. 이게 바로 '상대방을 존중하며 자기주장을 하는' 근간이다.

관계가 유연한 사람은 어썰티브 요소를 먼저 전달한다.

172

> # 삐그덕대는 대화에서
> # 논리를 찾는 정리법
>
> **3**

관계가 유연한 사람은 본질적인 ☐ 를 다룬다.

대화 중에 '뭔가 말들이 어긋나는 느낌이야', '설득을 강요당하는 것 같아', '얼핏 들으면 맞는 말 같지만, 이해가 잘 안 돼' 등 이런 답답한 경험을 한 적이 있는가? 말이 유창한 사람이라면 갖은 수법을 동원해 어떻게든 당신을 설득하려 들지도 모른다. 그렇다고 따박따박 되받아치며 논쟁하는 것도 바람직한 방법이 아니다.

먼저 상대방의 말이 그럴싸하게 들린다면, 상대방이 자주 사용하는 논법이 아닌지 의심해 보자. 유명한 세 가지 논법이 있다.

① 과잉 일반화

"그는 지난번에 실수했으니 이번 일을 맡길 수가 없어."

어쩌다 실수했을 수도 있고, 특별한 사정이 있었을 수도 있다. 지난번 사례만으로 '맡길 수 없다'고 단정 짓기에는 무리가 있다. 이처럼 하나의 사례만 가지고 일반화시키는 논법이다.

② 극단적 왜곡

"업무 중에 택시를 이용할 시에는 미리 연락을 주셔야 합니다."라는 주의 사항에 대해 '택시를 이용하지 말라니, 그러면 고객과의 약속에 늦어도 된다는 건가?'라며 요지를 비틀어 왜곡시키는 경우다. '논점 이탈'이라고도 부른다.

③ 흑백의 한정화

"재택 근무와 사무실 근무 중에서 재택이 더 효율적이죠."

이분법이다. 즉 '재택'과 '출근' 중에 하나를 반드시 선택하도록 강요하는 논법이다. 사람들은 여러 가지 경우의 수를 복잡하게 생각하기보다는 선택지에서 고르는 것을 편하게 생각한다. 그 틈을 파고들어 선택을 강요하는 수법이다. 이를 심리학에서는 '인지 왜곡'이라고도 하는데, 왜곡되어 있기에 뭔가 찜찜하고 개운하지 않다. 이럴 때는 논점을 정리하는 작업을 해야 한다. 여기서 '논점'이란 '반드시 논의해야 할 문제'를 의미한다. 즉, **본질적인 '문제'를** 다뤄야 한다.

> "그는 지난번에 실수했으니 이번 일은 맡길 수가 없어."
> → 지난번에는 왜 실수했나요?

맡길 수 없다고 단정 짓기 전에 원인을 먼저 파악해야 한다. 업무 분담에 문제가 있었을 수도 있고, 지원 체제가 부실했을 수도 있다.

> "택시를 이용하지 말라니 그러면 고객과의 약속에 늦어도 된다는 건가요."
> → 규정을 준수할지 아니면 규정 자체를 수정할지를 같이 논의해 보면 어떨까요?

이처럼 반드시 짚어야 할 사안을 전달한다.

> "재택 근무와 사무실 근무 중에 선택하라면 재택이 더 효율적이죠."
> → 효율이라는 정의부터 내려야 할 것 같아요. 무엇이 효율이냐에 따라 결론은 달라지거든요.

이처럼 반드시 논의해야 하는 사안들에 대해 다루는 것이다. '논의해야 할 문제 따위는 모르겠고'라고 나오는 사람도 있을 것이다. 그럴 때는 "죄송합니다. 가장 해결해야 할 문제가 무엇인지가 불분명해졌습니다. 우선 그 부분부터 논의했으면 하는데 괜찮을까요?" 라거나 "죄송합니다. 그래서 논점이 뭐였죠?" 등과 같이 상담하는 형식으로 물어보면 된다. 이런 식으로 대응하면 설득을 강요하는 일은 없다.

상대방의 주장에 문제가 있음을 지적하지 않고, 상대방의 의견을 평가하지도 않으면서, 문제의 핵심을 정확하게 짚는 것. 논점을 정리하면 논의의 방향성이 일치하여 건설적인 대화가 가능해진다.

관계가 유연한 사람은 본질적인 문제 를 다룬다.

잘못을 기회로 바꾸는 '사과'

4

관계가 유연한 사람은 상대방이 ☐☐☐ 하는 이상의 사과를 한다.

세상에는 잘못하고도 사과를 안 하는 사람들이 꽤 있다. 사과하지 않아도 된다고 생각하는 사람은 자기의 잘못을 인지하지 못하고 있는 경우가 많다.

제출기일이 지났는데도 사과하지 않는 사람, 자료의 오류를 지적받았는데도 아무런 사과 없이 재전송하는 사람, '앞에 일정이 길어지는 바람에 조금 늦을 것 같다'며 사과 없이 늦는 사람.

이런 사람들을 보면 참 안타깝다는 생각이 든다. 왜냐하면 **사과는 상대방에게 좋은 인상을 남길 기회**이기도 하기 때문이다. 이를 이해하기 위해서는 먼저 사과를 요구하는 쪽의 생각을 들여다볼 필요가 있다.

- 잘못에 대한 사과를 받고 싶다.
- 실수하는 바람에 소중한 내 시간을 허비했다.
- 사과를 안 하는 걸 보면, 반성의 기미가 없어 보인다.
- 같은 실수를 또 할 것 같아 두렵다.
- 사과가 없다는 건 날 무시하는 행동이다.

'잘못했습니다' 하는 한마디가 끝내 나오지 않으면, '사과가 없는 걸 보니, 뭘 잘못했는지 모르나 봐'라고 신경이 쓰이거나, '전혀 내 말을 듣지 않는구나'라며 분노하게 만들기도 한다.

반면 진심 어린 사과를 받았을 때 상대방의 마음은 어떨까?

실수한 것에 대한 사과, 귀한 시간을 빼앗은 것에 대한 미안함, 심려를 끼쳐 죄송하다는 배려, 나아가 개선의 의지까지 전달되었다면 상대방의 불만은 모두 해소될 것이다.

진척 상황에 관한 보고를 예로 들면 이해가 쉬울 것이다. '그 안건은 어떻게 되었나요?'라는 질문을 받았을 때, '이렇게 되었습니다'라고 질문에만 대답하는 사람과, '그 건과 관련하여 연락을 먼저 드리지 못해 죄송했습니다'라는 사과 한마디를 덧붙이는 사람 중에 누구에게 더 호감이 가겠는가? 상대방의 기분까지 배려한 후자일 것이다.

사과는 상대방에게 좋은 인상을 남길 수 있다. 게다가 상대방이 '상상'한 이상의 사과를 할 줄 아는 사람의 호감도는 더욱 상승한다. **상상을 뛰어넘는 사과란 사과를 바라지 않았는데도 상대방을 배려해 먼저 사과하는** 수준을 뜻한다. 간단한 예로 "그건 무슨 뜻인가요?"라는 질문에 대해 "설명이 서툴러 죄송합니다."라는 말을 자연스럽게 하는 사람이다.

상대방에게 질문할 때도 "바쁜 시간을 빼앗아서 죄송합니다. 질문 하나만 해도 괜찮을까요?"라고 상대방의 시간을 배려하는 사람, 그리고 늦은 귀가로 배우자를 걱정시켰다면 "일인데 어쩔 수 없잖아."가 아닌 "걱정하게 해서 미안해."라고 말하는 사람이다.

상대방에 대한 마음 씀씀이, 상대방을 귀하게 여기는 마음으로 사과하기 때문에 호감을 얻는 것이다.

나는 강의가 시작되면 "죄송합니다. 먼저 한 가지 부탁이 있습니다."라고 수강생에게 사과 인사를 하는 경우가 있다. 그리고 나서 "한 사람씩 자기소개를 부탁드립니다."라고 말한다.

사과 인사를 먼저 하고 자기소개를 부탁하면 '뭐야~ 자기소개하라는 거였구나' 하며 안도한다. 더 어려운 요구를 할 것 같아 걱정한 것이다. 다만 무조건 고개를 숙이라는 말이 아니다. **본질은 '상대방에 대한 배려'다. 고수는 상대방을 위해 사과할 줄 안다.** 남을 섬세하게 배려할 줄 아는 사람에게, 사람들은 '그릇이 큰 사람'이라고 한다.

관계가 유연한 사람은 상대방이　상상　하는 이상의 사과를 한다.

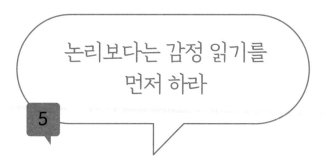

논리보다는 감정 읽기를
먼저 하라

5

관계가 유연한 사람은 논리보다는 상대방의 [   ]을 우선한다.

때로는 논리적인 답변이 화를 부르기도 한다.

　"너무 바빠 여유가 없어요." → "업무 효율이 나쁜 건 아닐까요?"
　"메일이 도착하지 않았어요." → "어제 15:00에 보냈어요. 뭔가
설정이 잘못된 게 아닐까요?"
　"○○ 씨의 태도 때문에 너무 화가 나요." → "그런 작은 일에 신경
쓰는 건 감정 소모 아닐까요?"

이 말이 맞는 말일 수 있다. 하지만 이런 대화는 자칫 말싸움이 될 수도 있다. 안타까운 것은 상대방을 생각해서 한 말인데, 오히려 상대방에게 상처를 주고 싸움으로까지 발전한다는 것이다. 따라서 싸움으로 번질 것 같을 때는 꼭 이렇게 해 보자.

먼저 상대방의 감정을 읽는 것이다. 싸움으로 번질 것 같은 상황에서는 '논리보다는 감정'이 우선이 되어야 한다. 뭔가 마음에 들지 않아 잔뜩 찌푸린 사람에게 논리를 이야기하면 어떤 내용도 와닿지 않는다. 위 사례의 경우라면 다음과 같이 대답하는 것이 낫다.

> "너무 바빠 여유가 없어요." → "지금 바쁘시군요. 힘드시겠어요."
> "메일이 도착하지 않았어요." → "걱정하게 해드려 죄송합니다".
> "○○ 씨의 태도 때문에 너무 화가 나요." → "그 태도가 눈에 거슬렸군요."

이렇게 상대방의 감정을 먼저 매만져 주면 된다. 의견이 다르다는 이유로 상대방을 싫어하는 사람은 없다. **자신의 감정을 읽어주지 않아 싫어하는 것**이다. 인간의 뇌에는 지성을 관장하는 '대뇌 신피질'이라는 곳이 있는데, 그보다 안쪽에는 감정을 관장하는 '대뇌 변연계'가 자리하고 있다고 한다. 대뇌 신피질보다 대뇌 변연계가 먼저 발달하다 보니 감성이 지성을 이기는 것이다.

따라서 상대방의 마음을 알 수 없을 때는 상대방의 마음을 언어로 바꿔보는 것도 괜찮은 방법이다. '미안해 화났어?', '내가 욱하게 했지!', '기분을 상하게 했어?', '뭔가 짜증 난 거 같은데?', '좀 전에 내가 한 말, 마음에 담아둔 건 아니지?', '요즘 걱정거리가 많지 않아?'라고 **상대방의 감정을 추측해서** 말로 표현해 보자. 말로 확인하지 않으면 상대방의 마음은 알 길이 없다.

싸움으로 가지 않는 비법은 똑같은 의견을 갖는 것이 아니라 마음을 공유하는 것이다. 상대방의 마음을 언어로 표현하려면 우선 상대방의 마음을 들여다봐야 한다. 그러면 내가 아닌 상대방을 생각하는 마음의 여백이 생기게 된다. 바라보는 관점을 상대방으로 확장하면 마음에 여유가 생겨 싸우고 싶은 마음이 사그라든다. 싸움은 지기 싫은 마음이 발동했을 때 일어난다.

상대방의 감정을 언어로 표현하는 것도 양질의 커뮤니케이션을 위한 좋은 선택지 중 하나다. 일상에서 꼭 활용해 보자. 상대방의 마음에 다가가려는 자세가 당신의 품격을 높여줄 것이다.

관계가 유연한 사람은 논리보다는 상대방의 감정 을 우선한다.

항상 즐거운 사람의
화법의 비결

관계가 유연한 사람은 일상에서 [   ] 하는 말들로 가득하다.

"자신의 기분은 자신이 챙깁니다."

희극인 미야쫀 씨가 일본TV 프로그램 〈24시간 텔레비전〉의 자선 마라톤에 참여했을 때 했던 말이다. 사람들은 남에게 인정받기 위해 과도하게 어필하거나, 주변의 관심을 받기 위해 분노를 드러내거나, 자신의 기분을 풀기 위해 주변 사람을 끌어들이곤 한다. 하지만 미야쫀 씨는 본인의 기분은 스스로 챙기는 것이라고 한다. 주변이 알아주지 않아도 자기 소신대로 자기만의 길을 걸어가면 되는 것이고, 자신의 분노를 누군가에게 풀지 않아도 생각과 행동을 바꾼다면 얼마든지 기분을 전환할 수 있는 것이다.

세상에는 늘 기분이 좋아 보이는 사람이 있는데, 그 사람이라고 항상 좋은 일만 있지는 않을 것이다. 그 사람에게도 화가 나고, 짜증 나는 일이 생긴다. 하지만 그는 왜 늘 기분이 좋은 것일까? 어쩌면 **일상에서 '감사'의 말이 넘치기 때문**일 것이다. '만나 뵙게 되어 영광입니다', '오늘도 함께 일하게 되어 기쁩니다', '오늘도 식사할 수 있음에 감사합니다'라고.

이른 새벽 '좋은 아침!' 하고 힘차게 인사하는 사람은 '오늘도 같이 일하는 게 너무 좋아!'라는 감사한 마음을 가지고 있을 것이다. 그래서 늘 기분이 좋아 보인다. 기분을 관리하는 원동력은 '감사'다.

그러나 매사에 감사함을 느낀다는 건 참으로 어려운 일이다. 우리는 '이게 없네', '저게 부족하네'라며 없는 것은 잘 기억해도, 충족된 것은 금세 기억에서 지워 버린다. 아침에 일어나 컵에 물을 따라 마시면서 '오늘도 물을 마실 수 있어 정말 행복해!' 하는 사람은 거의 없을 것이다. 충족되면 감사의 마음은 잊히고 만다.

감사함을 인지하기 위해서는 감사함을 '의식'하게 하는 행동을 해야 한다. 예를 들어 밥을 먹을 때 두 손을 모으는 것. 손을 모으는 행위가 감사한 마음을 상기시켜 준다. 내 지인 중에는 매일 아침 베란다에서 하늘을 향해 인사하는 습관을 지닌 친구가 있다. 그러면 감사하는 마음으로 하루를 시작할 수 있다고 한다. 그리고 **감사를 입으로 자주 표현해 보자.**

> "오늘도 맛있는 아침 식사를 준비해 줘서 고마워요."
> "여보, 오늘도 회사에서 수고가 많았어요, 고마워요."
> "이처럼 따사로운 햇살 덕분에 기분이 좋아지니 감사한 일이에요!"

본래 '감사'는 표현하는 것이 아닌 '느끼는' 것이라고 생각한다. 감사함을 항상 느낄 수 있도록 행동과 말로 옮겨 보자. 그러다 보면 의식하지 못했던 행복을 발견하게 될 것이다.

당연하다 생각했던 '기준'을 바꾸면 보는 관점이 달라진다. 감사해야 할 것에 감사함을 잊고 살았던 지난날을 깨닫게 된다.

자신의 기분은 자신이 챙긴다는 말을 바꿔 말하면 타인에게 폐를 끼치지 말라는 뜻이다. **좋은 인간관계를 유지하는 비결은 '상대방을 생각하는 마음', 단 하나뿐이다.**

관계가 유연한 사람은 일상에서 감사 하는 말들로 가득하다.

직장 생활이 즐거워지는 '사내 토크'

제7장

The art of
conversation

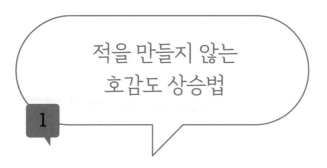

적을 만들지 않는
호감도 상승법

1

좋은 관계를 만드는 사람은 상대방을 부정하지 않고 [   ] 한다.

맞선이나 소개팅 자리에서 호감 가는 사람에게 인기가 집중되고, 직장에서도 호감도가 높은 사람이 자리에 참석해 주면 분위기가 고조된다. 그런데 이 '호감도'라는 말은 의외로 애매한 부분이 있다. 호감을 느끼는 기준이 사람마다 다르기 때문이다. 웃는 얼굴이 예쁜 사람에게 호감을 느끼는 사람이 있고, 까칠한 멋쟁이에게 호감을 느끼는 사람도 있다. 애교가 많고 모든 사람과 잘 지내는 사람을 좋게 보는 사람이 있는가 하면, '가식적이어서' 싫다는 사람도 있다.

반면, 호감도가 떨어지는 사람의 기준은 모두 같다. **'상대방을 부**

정하는 사람'이다. 인간의 욕구를 살펴보면 이를 알 수 있다. 인본주의 심리학의 창시자인 에이브러햄 매슬로Abraham Maslow는 인간의 욕구를 5단계로 구분했다.

제1단계: 생리적 욕구(허기를 면하고 생명을 유지하려는 욕구)

제2단계: 안전의 욕구(위험·위협에서 자신을 보호하려는 욕구)

제3단계: 소속의 욕구(집단에 귀속되고 싶어 하는 욕구)

제4단계: 존중의 욕구(자아 존중, 자신감, 성취 등에 관한 욕구)

제5단계: 자아실현 욕구(원하는 자신이 되고 싶어 하는 욕구)

물론 예외도 있을 수 있지만 현대 사회를 사는 우리는 대체로 제1~제3단계가 충족된 삶을 영위한다. 굶지 않고, 잠도 잘 자며, 치안도 좋은 편이다. 일반적으로 가족이나 학교, 사회 등의 커뮤니티에 소속되어 있다. 충족되지 않은 것은 **제4단계의 '존중받고 싶은 욕구', '인정받고 싶은 욕구'**이다. 이를 통해 우리가 해야 할 구체적인 액션을 엿볼 수 있다.

'절대로 해서는 안 되는 행동'은 남을 무시하는 행동이다. 이는 관계를 붕괴시킨다. 무시는 상대방의 존재를 짓밟는 행위다. 나는 '무시한 적 없어'라고 생각할지 모르지만, 과연 정말 그럴까. 이를 테면 봤으면서도 인사를 안 하거나, 듣고도 대답하지 않거나, 부재

중 메모에 답변하지 않는 등, 비록 나쁜 의도는 없었더라도 상대방은 무시당한 느낌을 받았을 수 있다.

'피하는 편이 좋은 행동'은 상대방을 부정하는 행동이다. '그러니까 아니라고', '그렇지 않아', '몇 번을 말해야 알겠어?'와 같은 종류의 발언은 자제해야 한다. 부정이란 '그게 아니야' 하면서 상대방의 말을 인정하지 않는 행위다. 이런 말을 들으면 자신은 인정받지 못한다고 생각하게 된다.

그리고 **'반드시 해야 하는 행동'은 상대방을 인정하는 행동이다.**

"○○ 씨, 좋은 아침!" = 상대방의 이름을 불러주고 상대방의 존재를 인정한다.

"오늘도 열심히 일해 줘서 고마워!" = 상대방의 행동을 인정한다.

"대단해, 이런 발상은 생각지도 못했어!" = 상대방의 사고방식과 가치관에 대해 언급한다.

"집중력이 엄청나네. 특별한 비법이 있는 거야?" = 상대방의 능력에 관심을 기울인다.

'무엇을 인정해야 할지 모르겠다'며 고민하는 사람도 있는데, 인정을 잘해 주는 사람은 위의 예시와 같이 **상대방의 존재, 행동, 사고방식, 가치관 및 능력 등 다양한 요소에서 상대방의 가치를 잘**

'찾아낼' 줄 안다. 그런 마음이 말로 잘 표현되는 것이다.

좋은 관계를 만드는 사람은 상대방을 부정하지 않고 인정 한다.

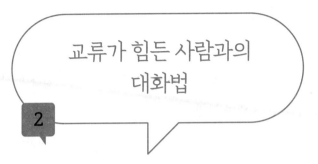

교류가 힘든 사람과의
대화법

2

좋은 관계를 만드는 사람은 상대방을 부정하지 않고 ☐ 한다.

 직장에서 '저 사람은 상대하기 정말 힘들다'라고 생각되는 사람이 있는가? 짜증 나게 한다거나, 빈정대거나, 다른 사람의 험담을 강요하는 등 누구에게나 싫어하는 사람이 한두 명쯤은 있게 마련이다. 그들의 성격과 행동을 고쳐보기 위해 필사적으로 노력하기도 하는데 이는 현명한 방법이 아니다. 자신의 성격을 바꾸기도 어려운데 다른 사람의 성격을 바꾸란 불가능에 가깝기 때문이다. 변할지 말지는 결국 그 사람에게 달려 있고, 바꿀 수 있는 것은 오직

자기 자신뿐이다.

싫은 사람과 안 봐도 되는 상황이라면 문제가 없지만, 직장이나 커뮤니티가 같다면 어쩔 수 없이 대면해야 한다. 그렇다면 싫어하는 사람과 잘 지내며 불필요한 스트레스를 줄이는 방법을 살펴보자. 결론부터 말해 싫은 상대에게는 '퍼스트 콜'을 추천한다. **'퍼스트 콜'이란 먼저 말을 거는 것이다.** 가장 대표적인 것이 인사인데, 싫어하는 사람에게 먼저 인사를 건네 보자. 인사가 어렵다면 고개만 숙여도 된다. 눈을 보며 '쌩긋' 웃어 보는 것도 괜찮다. 대화 없이 인사만 해도 된다. 하지만 무조건 먼저 액션을 취해야 한다. 두 가지 이유 때문이다.

① 단순접촉 효과

특정 대상에게 반복적으로 접촉하면 그 대상에 대한 호감도가 올라가는 현상을 말한다. 대부분 광고 노출이 많은 상품을 무의식중에 사거나, 반복적으로 들은 노래에 애착을 느낀다고 한다. 처음 본 점원보다는 여러 번 마주친 점원에게 주문하는 것이 편하게 느껴지는 것도 비슷한 맥락이다. 비록 인사뿐이더라도 단순접촉 횟수가 증가하다 보면 상대방이 느끼는 나에 대한 호감도 또한 높아지게 된다. 그러다 보면 나에게 위해를 가하는 빈도도 줄어들게 될 것이다.

② 순화 효과

순화^{馴化}란 '적응'이다. 맞은편에서 싫은 상대가 걸어오고 있을 때, '다른 길로 돌아가자' 하고 피하게 된다면 그 사람에게 적응할 기회를 잃게 된다. 최소한 인사만이라도 매일 하다 보면 그에게 익숙해질 것이다.

인사부터 시작해 보자. 익숙해지면 "오늘도 잘 부탁드립니다!" 하고 한마디 건네 보고, 조금씩 익숙해지면 "지난번에는 감사했습니다!"라고 말을 추가해 보자. 이는 **먼저 말을 걸어 싫은 사람에게 조금씩 적응해 가는 방법**이다.

'인사만이라면 할 수 있지만, 대화까지 해야 하는 상황'이라면 어떻게 해야 할까? 예를 들어, 싫어하는 사람이 나에게 빈정대는 말이나, 뒷담화, 소문 등을 말하면, 그럴 땐 '한 귀로 듣고 한 귀로 흘리는 방법'이 가장 효과적이다. 다음과 같이 해 보자.

"넌 참 한가해." → "그런 거 같아요."

"저 사람 뒷돈 챙기는 거 같아." → "잘 모르겠는데요."

"저쪽 부서는 전원 사표를 낸다네." → "그렇군요."

이렇게 흘려들으면 된다. 스트레스를 전문적으로 관리하는 영역에서는 이를 '스루 스킬'이라고 한다. 같이 링 위에 올라 감정이 격해지기 전에 처음부터 싸울 의사를 접는 것이다.

싫은 사람은 직장을 옮겨도, 이사를 해도, 당신 눈앞에 반드시 나타날 것이다. 그렇다면 지금을 위해 조금만 용기 내서 퍼스트 콜을 시작해 보자. 작은 시도가 당신을 바꾸는 메소드^{method}가 될 것이다.

좋은 관계를 만드는 사람은 상대방을 부정하지 않고 퍼스트 콜 한다.

어떤 자리에서든 인기 있는
캐릭터가 되는 법

3

좋은 관계를 만드는 사람은 그 자리에 맞는 〔　　　〕을 수행한다.

당신은 평소에 어떤 캐릭터인가? 밝은 캐릭터, 모범생 캐릭터, 수다쟁이 캐릭터, 아니면 말을 잘 들어 주는 캐릭터? 그것도 아니면 주변과 협조를 잘하는 캐릭터? 혼자 잘 헤쳐 가는 캐릭터? 정답은 '전부 해당한다'가 아닐까 싶다.

예를 들어, 집에서는 입도 뻥끗 안 하던 아버지가 직장에서는 달변가로 돌변하거나, 대중 앞에서는 말을 잘하면서도 사적인 공간에서는 말없이 경청만 한다거나, 회의에서는 강력한 리더십을 발휘하던 사람인데 회식에서는 놀림받는 캐릭터로 전락하거나, 밖에서는 밝았는데 집에 오면 조용해지는 등 상대적으로 더 강한 성향이 있다고 해도 누구나 다양한 캐릭터를 가지고 있다. 상황에 맞게 캐릭터를 바꾸는 것은 지극히 정상이다.

모든 자리에는 그 자리에 맞는 '역할'이 있고, 그것을 잘 수행하는 사람이 인기를 얻는다. 늘 회식에 불려 다니는 사람은 '밝은 사람'도 '재미있는 사람'도 아니다. 회식 자리가 재미있어지도록 최선의 역할을 다하는 사람이다. 분위기가 썰렁해지면 누구보다 열심히 화젯거리를 제공하고, 말하는 사람이 많으면 듣는 역할을 자처하며, 말하고 싶은 사람에게는 질문을 던져 멍석을 깔아주는 등 지금 필요한 역할에 맞게 자신을 변화무쌍하게 바꾸는 사람이 인기를 얻는다. '인기'라는 단어를 사전에서 찾아보면 '어떤 대상에 쏠리는 대중의 높은 관심이나 좋아하는 기운'이라고 나온다. **호의와 관심을 받는 사람은 다른 사람에게 기쁨을 제공한 사람**이다. 기쁨을 주니 그 사람이 좋은 것이다.

똑같은 수다쟁이 캐릭터들로만 한자리에 모아놓으면, 의자 뺏기 놀이처럼 분위기는 금세 살벌해질 것이다. 그런데 모두가 꺼리는 자리에 누군가가 앉아 준다면, 빈자리는 채워지고 사람들은 기뻐할 것이다. 나는 그래서 외부 미팅에서도, 사내 회의에서도, 캐릭터를 바꾸려고 노력한다. 말이 많은 고객과 만날 때는 60분 내내 듣고만 있기도 하고, 아무도 발언하지 않는 회의에서는 열심히 말한다. 썰렁할 때는 웃음을 주기 위해 엉뚱한 소리를 하면서 망가지기도 한다. 그래도 상관없다. 그 자리에 맞는 역할이니까. 나는 이것을 '역할론'이라 부른다.

쇼토쿠聖德 태자가 만들었다는 '17조 헌법'에 대해 아는 사람도 있을 것이다. 제1조에 '화합은 가장 고귀하다'라고 쓰여 있다. 서로를 존중하며 대화를 나누다 보면 화합이 형성된다는 말이 1400년 전부터 전해 내려오고 있다. 이 말을 바꿔 말하면 **가장 미움받는 사람은 화합을 깨뜨리는 사람이고, 가장 인기 있는 사람은 화합을 만드는 사람**이다. 경영자에게는 경영자의, 사원에게는 사원의 역할이 있다. 더 잘나서 경영자가 된 것이 아니라 각자의 역할이 다를 뿐이다. 사람과 자리가 있는 곳에는 반드시 역할이 주어진다.

직장인 + 직장 = 당신의 역할은?

가족 + 집 = 당신의 역할은?

친구 + 써클 = 당신의 역할은?

자신의 캐릭터를 잘 모르겠다면 주위를 둘러보길 바란다. 주변에서 요구하는 캐릭터가 반드시 있을 것이다. '사람+자리 = 역할'이라는 공식을 명심하자.

캐릭터를 과감하게 바꿔보는 것도 좋은 인간관계를 만들 수 있는 비결이다.

좋은 관계를 만드는 사람은 그 자리에 맞는 역할 을 수행한다.

주변의 도움을 잘 받을 수 있는 세 가지 스텝

4

좋은 관계를 만드는 사람은 [ ] 라는 말을 잘한다.

세상에는 '늘 주변의 도움이 끊이지 않는 사람'과 '늘 홀로 열심히 하는 사람'이 있다. 열심히 한다는 것이 결코 나쁜 것은 아니다. 하지만 사람이 혼자서 할 수 있는 일에는 한계가 있다. 혼자서만 끙끙대다 보면 심신의 피로가 극도로 누적되고, 모든 에너지를 소진하게 되어 사회에서 적응하지 못하게 되기도 한다. 이를 '번아웃 증후군'이라고 한다. 따라서 **주변의 도움을 적절하게 받는 것도 쾌적한 직장 생활을 영위하기 위한 중요한 기술**이다.

그런데 우리는 '다른 사람을 도와주는 방법'에 대해서는 많이 들어봤어도 도움을 받는 방법에 대해서는 거의 배우지 못했다. 이번 기회에 주변의 도움을 받는 방법을 익혀두었으면 한다.

다음은 도움을 받기 위한 세 가지 스텝이다.

스텝① 도움이 필요한 것을 명확하게 한다.

'나는 지금 직장에서 무슨 도움을 받고 싶은가?' 이 질문부터 해봐야 한다. 힘들다면 뭐가 힘든지를 명확하게 알아야 한다. '시간이 부족하다', '해야 할 일이 많다'. '익숙하지 않은 업무가 있다', '방법을 모른다', '무언가에 불안을 느낀다' 등. 대략적인 내용도 괜찮으니 노트에 적어 보자.

스텝② 도움받고 싶은 것을 말로 한다.

말로 표현하지 않으면 주변에서는 알 길이 없다. '그게 쉬우면 진작에 말했겠지'라고 할 수 있지만, 여기서 흥미로운 설문조사 하나를 소개하고자 한다. 결혼상담회사 '오넷'에서 495명의 남성과 482명의 여성을 대상으로 실시한 조사다(2020년).

Q: 이성 상대가 나에게 상담과 요구를 하지 않았으면 하는 것은?

1위: 금전에 관한 것(46.0%)

2위: 육체노동에 관한 것(28.8%)

3위: 생활 전반에 걸친 부담스러운 주제에 관한 것(20.1%)

이에 반해 '일과 관련된 질문·부탁'이라고 응답한 비율은 11.7%로 7위를 기록했다. 즉, 싫다고 응답한 사람이 10명 중 1명에 불과했다. 바꿔 말하면 10명 중 9명은 요구해도 괜찮다고 생각한다는 뜻이다. 게다가 '자신이 잘 알고 있는 분야에 대한 상담·부탁'인 경우에는 10위(6.2%)까지 떨어졌다. **일과 관련된 부탁이나 요구 자체를 거북하게 생각하지 않는다는 뜻**이다. 도움을 요청해도 거절당할 확률은 매우 낮다.

스텝③ 도움받고 싶은 것을 미리 말해 둔다.

'도움'을 요청하기 전에 알아서 도와준다면 그보다 좋은 것은 없을 것이다. 따라서 이런 상황일 때는 도움을 받고 싶다는 말을 미리 주변에 해 둘 필요가 있다.

"저는 ○일 이상 야근이 지속되면 체력에 한계가 와요."

"동시다발적으로 진행되는 일이 3개가 넘으면 패닉에 빠져요."

"○○업무는 자신이 없으니 업무 방법을 사전에 알려주시면 감사하겠습니다."

이처럼 도움받고 싶은 내용을 사전에 밝히는 것이다. 이렇게 해두면 위기에 빠지기 전에 도움을 받을 수 있다. 주변 사람들은 도움을 주는 것을 싫어하지 않는다. 다만 무엇을 도와줘야 할지 모를 뿐이다. **도움을 잘 받는 사람의 특징은 매우 단순하다. '헬프'를 적절하게 말할 수 있는 사람**이다.

지금 당신도 일상에서 누군가를 돕고 있을지도 모른다. 그 사람이 상사일 수도, 후배일 수도, 아니면 거래처일 수도 있다. 우리는 모두 서로 도움을 주고, 도움을 받으면서 산다. 도움을 받아야 누군가를 도와줄 수 있는 여유도 생긴다.

좋은 관계를 만드는 사람은 헬프 **라는 말을 잘한다.**

206

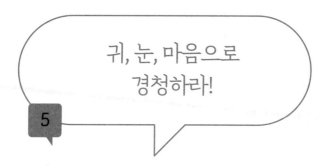

귀, 눈, 마음으로
경청하라!

5

좋은 관계를 만드는 사람은 상대방과 감정을 ☐ 한다.

상대방의 이야기를 들을 때 가장 중요한 것은 '공감'하는 마음이다. 우리 학원에는 여러 명의 심리상담사가 소속되어 있다. 심리상담사들은 프로이트, 융, 로저스 등이 제창한 심리치료법을 공부하며, 그중에서도 특히 경청하는 자세를 익힌다. **'경청'이란 상대방의 이야기를 귀 기울여 들으면서 '귀', '눈', '마음'을 통해 상대방의 말을 받아주는 것**이다.

예를 들어 자녀가 "엄마! 나 오늘 시험 80점 맞았어요."라며 자랑스럽게 답안지를 보여줬다고 하자. 그때 엄마가 "대단하다. 열심히 했구나, 엄마도 기분이 좋아!"라며 적극적으로 기뻐해 줬다면 그 순간 정서적 교감이 이루어졌을 것이다. 반면 "지금은 바쁘니까 나중에 이야기하자."라고 했다면 마음은 바로 멀어진다. 이처럼 감정은 순식간에 전달된다.

가령 당신이 영화를 본 소감을 친구에게 말했을 때, "정말 재밌겠다, 꼭 봐야지!", "눈물이 날 거 같아. 말로만 들었는데도 감동이 느껴져." 하면서 내 감동을 고스란히 공감해 주었다면 마음이 통하는 따뜻한 소통이 이루어졌을 것이다. **상대방의 이야기를 들을 때는 '감정의 교감'**이 중요하다.

사람에게는 100~200가지 종류에 이르는 감정이 존재한다고 한다. 여기서는 자주 사용되는 감정을 표현한 단어 50가지를 나열해 보고자 한다.

기쁘다	배려하다	슬프다	불쾌하다	싫다
즐겁다	존경하다	불쌍하다	꺼림직하다	
곤란하다	재미있다	신경 쓰다	외롭다	기죽다
화나다	웃는다	반하다	괴롭다	실망하다
아쉽다	행복하다	사랑하다	떨리다	당황하다
심기가 불편하다	감사하다	좋아하다	우울하다	
무섭다	어이없다	감동하다	누그러지다	힘들다

불안하다	망설이다	흥분하다	위안받다	낙담하다
걱정되다	지루하다	설레이다	차분하다	애절하다
고민하다	감정이 치솟다	두근거리다	그립다	
거북하다	짜증 나다	상쾌하다		

당신이 가장 많은 이야기를 들어 주는 사람을 한 명 떠올려 보자. 상사, 부하, 동료, 친구, 고객 등. 그 사람이 자주 사용하는 단어 3개를 이 중에서 골라 보자. **입버릇처럼 말하는 그 단어가 그 사람의 기본적인 감정**이다. 그러고 나서 그 기본적인 감정을 그 사람과의 대화 속에서 녹여 보자.

예를 들어 '기쁘다', '재미있다', '감사하다'를 상대방이 자주 사용한다면 '그건 기쁜 일이네요', '역시 재미있게 살고 싶어요', '저도 감사하는 마음으로 살고 있어요'라고 말한다. '힘들다', '화난다'는 단어를 자주 사용하는 사람이라면 '너무 힘드시겠어요', '화가 나셨겠어요' 하면서 상대방의 감정을 이해해 주는 것이다.

긍정적인 단어만을 사용하고, 부정적인 단어는 되도록 피하는 것만이 능사가 아니다. 마음의 빗장을 여는 것이 무엇보다 중요하다. 상대방을 위로하거나 조언하는 것은 감정의 교감이 있어야지만 가능하다.

나는 예전에 어떻게 하면 좋을지를 묻는 직원에게 "이젠 혼자 알아서 좀 해 봐!"라고 되받아친 적이 있었다. 매우 잘못된 행동이었다. "어떻게 하면 좋을까요?"라는 말속에는 '어떻게 해야 할지 불안해요'라는 감정이 내포되어 있는 것이다. 이후부터는 "글쎄, 어떻게 해야 좋을까?" 하면서 같이 고민해 준다. 그랬더니 놀랍게도 "이렇게 하는 건 어떨까요?"라며 상대방이 먼저 제안을 해오는 것이었다. 내가 그의 감정을 공유해 주니 안심하고 나에게 의견을 말할 수 있었던 것이다.

'상대방의 마음을 이해해야 한다'는 것을 아는 것만으로는 소용없다. 실제로 상대방의 감정을 깊이 있게 공감해야지만 좋은 관계를 구축할 수 있다.

좋은 관계를 만드는 사람은 상대방과 감정을 교감 한다.

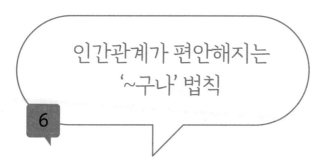

인간관계가 편안해지는
'~구나' 법칙

6

좋은 관계를 만드는 사람은 어미에 '⬚'를 붙여 상대방을 냉정하게 바라본다.

충격적인 조사 결과가 나왔다. 2015년도 ISSP(국제 사회조사 프로그램) 조사에서 '직장 동료와의 관계가 양호하다'고 응답한 비율이 일본의 경우, 조사 대상인 37개국 중에서 가장 낮은 순위(69.9%)를 기록했다. 물론 이 조사만으로 일반화할 수는 없겠지만, 직장 내 인간관계가 전 세계에서 가장 좋지 않다는 결과에 나는 큰 충격을 받았다.

왜 직장 내 인간관계가 좋지 않은 것일까? 다양한 원인이 있겠지만, 특정한 의식의 결여가 주요한 이유가 아닐까 싶다. 500여 편의 주옥같은 작품을 남긴 일본을 대표하는 동요 시인 가네코 미스즈 金子みすゞ의 말을 빌려 그 의식이 무엇인지를 말하자면, **'모두 달라서, 모두가 좋아!'**라는 것이다.

직장에는 다양한 사람이 존재한다. 무턱대고 소리부터 지르고 보는 사람, 항상 분주해 보이는 사람, 조용한 사람, 여유로운 사람, 잘난 척하는 사람, 불평불만이 많은 사람, 과묵한 사람, 친분 만들기에 열중인 사람, 고독을 즐기는 사람. 이처럼 다양한 가치관과 사고방식이 서로 충돌하는 곳이 바로 직장이다. 따라서 일일이 반응하거나, 무조건 피하기만 한다면 관계는 점점 나빠질 수밖에 없다. 가치관이 다르니 다양한 아이디어가 나오고, 각자가 다르므로 자신의 부족한 점도 발견할 수 있는 것이다. **아무 특색 없는 천편일률적인 조직에서는 성장도 발전도 기대할 수 없다.** 말 그대로 '모두 달라서, 모두가 좋아'인 것이다.

이렇게 생각하면 나와 맞는 게 하나도 없는 사람, 말투가 거슬리는 사람에게도 조금은 이성적으로 대할 수 있는 '여유'가 생기게 된다.

좌뇌의 기능을 상실한 뇌과학자로 잘 알려진 질 볼트 테일러 박사는 "분노는 신경회로를 작동시키는 방아쇠가 된다. 하지만 **화가**

나는 감정을 관장하는 호르몬은 90초면 우리의 몸을 빠져나간다."
라고 말했다. 물론 개인차야 있겠지만, 90초가 지나도 분노를 유지
하려면 에너지가 있어야 한다. 따라서 감정을 객관화하여 보고 있
으면 머지않아 그 감정은 사라지게 될 것이다. 그렇다면 어떻게 하
면 감정을 객관화할 수 있을까?

'~구나' 법칙을 사용하면 된다. 이 법칙은 마법의 언어 역할을
톡톡히 한다. 사람을 평가하지 않고 있는 그대로 바라만 보는 방법
이다.

> "부장님은 월말만 되면 예민해지는구나."
> "과장님의 입버릇은 '설명은 간단하게'구나."
> "계장님은 외모 이야기를 하면 화가 나는구나!"

이렇게 조용히 관찰하는 것이다. '왜 저렇게 예민하지?', '뭐야 저
말투는?', '왜 갑자기 화를 내는 거야?'라고 반응하면 모든 게 갈등
의 불씨가 된다.

**'저런 사람도 있구나', '사람은 참 다양하구나' 하면서 줌아웃한 앵
글로 관찰하는 것이다. 평가가 아닌 그저 바라보기만** 해야 한다.

남은 남, 나는 나. 이렇게 생각하면 새로운 세계가 보이게 된다.

상대방을 객관적으로 관찰하는 것도 새로운 가치관을 배우는 계

기가 될 것이다.

좋은 관계를 만드는 사람은 어미에 ' 구나 '를 붙여 상대방을 냉정하게 바라본다.

> ## 행운이 따르는 사람에게
> ## 보이는 공통점

7

좋은 관계를 만드는 사람은 상대방을 [   ] 하며 복을 쌓는다.

당신의 운세를 좋게 하는 방법을 알려주겠다. 갑자기 운세라니 다소 의아하게 들릴지도 모르겠다. 나는 운과 관련된 말들을 종종 한다. '이번에는 운이 따랐어', '난 참 운이 좋아', '최근 운세가 안 좋아'. '그 일은 운이 나빠서'…. 절에 공양을 드리며 소원을 빌거나, 스마트폰으로 운세를 점치거나, '운세', '운기'라는 단어들도 자주 사용하곤 한다.

나는 경영자나 회사대표들과의 만남이 많은 편인데, 지금까지 천 명 이상의 분들과 만난 것 같다. 그러면서 세상에는 뭘 해도 잘되는 사람이 있다는 걸 알게 되었다. 그리고 또 하나, 회사나 팀이 늘 잘 되는 사람의 패턴에는 비슷한 공통점이 있다는 사실도 알게 되었다. **행운이 따르는 사람에게 보이는 공통점은 매사를 자기 일처럼 여기고 늘 타인을 존중한다는 것**이다.

그들은 어떠한 문제가 발생하면 자기 영역의 문제로 규정하고, '뭐가 문제인지', '내가 할 수 있는 건 무엇인지'를 끊임없이 탐구한다. 단순히 태도의 차이를 논하려는 것이 아니다. 가령 회사 입구에 휴지가 떨어져 있다고 치자. 내 일이 아니라고 생각하는 사람은 줍지 않을 것이고, 내 일처럼 느끼는 사람은 바로 치울 것이다. 사내 분위기가 가라앉아 있을 때도 '나와는 상관없는 일이야'라고 생각하는 사람은 가만히 있을 것이고, '뭐든 해 봐야지'라고 생각하는 사람은 인사라도 크게 해 보려 할 것이다.

후자의 사람은 매사를 자기 일처럼 하는 사람이고 저절로 행운이 따르는 사람이다. 왜냐하면 열심히 사는 모습을 보면, 주변 사람도 그 사람을 '돕고 싶은' 마음이 생기기 때문이다.

운運이라는 한자는 '움직이다'라는 뜻으로, 주어진 상황을 어떻게 해석하고 실천하느냐에 따라 옮겨지고, 움직인다는 의미를 담고 있다. 이불 안에서 귤을 까먹으며 '제발 로또 좀 당첨됐으면~' 해도 금전운은 따르지 않는다. 로또를 구매하는 행동이 동반되어야 한

다. 행운의 주인공은 행운이 움직이는 방향으로 행동한다.

또한 성공한 사람은 항상 타인을 존중한다. "어떻게 성공하셨어요?"라고 물었을 때 "제가 열심히 했어요."라고 답변하는 사람을 본 적이 없다. 운이 따르는 사람은 '훌륭한 동료들이 있었기에 성공할 수 있었어요', '이렇게 좋은 기회를 얻다니, 저는 복 받은 사람입니다', '큰 기회가 저에게 주어졌어요. 운이 좋았습니다' 등과 같은 말을 입버릇처럼 한다.

이런 말에는 **'덕분에'라는 뉘앙스가 내포되어** 있다. '내가 잘나서'가 아니라 타인을 존중하는 마음이 기저에 깔려 있기에 이런 말이 자연스럽게 나오는 것이다. 나도 모르게 도와주고 싶은 사람이란 바로 이런 사람들이다.

행운은 눈에 보이지는 않지만, 행운을 부르는 행동이 있다. 그 행동이 반사판이 되어 행운 가득한 일들을 뜨겁게 달구는 것이다. '난 운이 좋아', '행운은 반드시 올 거야'라고 아무리 주문을 외워도, 운이 따르지 않는 사람도 있다. 말만 해서는 안 된다.

문제가 생기면 '내가 할 수 있는 일이 뭐지?'라는 질문을 자신에게 던지고, 일이 잘 풀리면 '여러분 덕분'이라는 인사를 외부에 선하는, 이런 자세가 행운의 발판이 된다.

주변의 도움과 신뢰를 한 몸에 받는 사람, 주변에 감동을 주는 사람은 바로 이런 사람들이다.

좋은 관계를 만드는 사람은 상대방을 존중 하며 복을 쌓는다.

최고의 동기부여를 높여 주는
'화법'

제8장

The art of
conversation

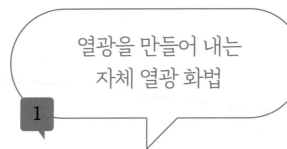

열광을 만들어 내는
자체 열광 화법

1

동기부여를 높여 주는 사람은 자신이 □한 것을 열광시킨다.

"자기 자신이 열광해야 열광하게 만들 수 있다!"

열광과 관련하여 자주 사용되는 문구다. 주변을 열광시키고 싶다면 그 누구보다 자신이 미쳐 있어야 한다는 뜻이다. 한창 달아오른 프로젝트는 리더가 제일 열광한 상태다. 히트 상품을 개발하려면 제작자 자신이 먼저 그 상품에 푹 빠져야 한다. 본인이 열정을 불태워야지만 주변으로도 그 화력이 번져갈 수 있는 것이다.

다른 사람에게 무언가를 전달할 때, 땀범벅이 되거나 버벅대거나 긴장하는 것쯤은 아무런 문제가 안 된다. **'온 힘을 다해 전달하**

는 것 같다', '무언가를 전달하기 위해 최선을 다하고 있다', '필사적으로 호소하고 있다'처럼 전달하는 자세에 감명받아 열광하게 되는 것이다. 열광이란 '무아지경이 된 상태'. 즉, '시간을 잊은 채 무언가에 몰두한 상태'이다.

'나는 지금까지 무엇에 열광했나?' 게임이나 만화일 수도, 영화나 드라마일 수도 있다. 좋아하는 아이돌이나 아티스트에 빠져서 헤어나오지 못하는 사람도 있을 것이다.

'그렇다면 왜 그것에 열광하게 되었나?' 재미있어서, 좋아서, 주변 사람에게 영향받아서 등 다양한 이유가 있었을 것이다. 그런데 열광하려면 반드시 선행되어야 하는 것이 있다. 바로 당신의 '액션'이다. **당신이 행동했기에 그것에 열광하게 된 것이다.**

우리는 관심이 생긴다고 바로 열광하지는 않는다. 예를 들어 게임에 관심이 생겼다면 실제로 해 보고, 1단계를 패스하는 게 어렵지만 공략을 연구해서 클리어, 다음 단계에서도 난관에 부딪히지만, 여러 번 시도하여 클리어. 이런 행동을 반복하는 과정에서 열광이라는 감정적 반응이 생기게 된다.

일본에서 개최한 2019년 럭비 월드컵 대회가 좋은 예다. 럭비는 인지도가 낮은 경기라 규칙조차 모르는 사람들이 대부분이었는데, 당시 일본 열도를 열광의 도가니에 빠뜨렸다. 럭비를 뉴스로 접하거나, 친구에게 듣거나, TV로 시청하거나, 경기장까지 나가 직접 관전하는 등 사람들이 실제로 액션을 했기 때문이다.

나는 영업과 관련한 연수를 자주 개최하는데, 그곳에서 신문을 읽는 듯한 단조로운 어투로 자사 상품을 프레젠테이션하는 이들을 만나곤 한다. 그들에게 "자사 상품을 실제로 안 써 보셨죠?"라고 물으면 대부분 '그렇다'고 대답한다. 직접 액션을 해 보지 않았으니 자사 상품에 스스로 열광할 수 없는 것이다. **자신이 열광하지 않으면 다른 사람도 열광해 주지 않는다.**

"이번 분기 예산은 10억 엔이니까 다 같이 열심히 뛰어봅시다!"라는 상사의 말에 직원들이 열광할 수도 있고, 그렇지 않을 수도 있다. '10억 엔'이라는 금액이 그동안 철저히 생각하고, 조사하고, 행동해 온 노력의 결실인지, 아니면 단순히 본사에서 떨어진 숫자에 불과한지에 따라 직원들의 반응은 달라진다.

'열광하게 만드는 화법'이란 복잡해 보여도 인수분해를 해 보면 매우 단순하다.

자신이 행동한다. → 자신이 열광한다. → 주변에 열광을 전파한다.

처음에는 별 관심이 없더라도 살펴보고, 조사해 보고, 직접 해 보

는 것이다. 그리고 자신에게 생긴 감정의 변화를 전달하고, 주변에

적극 전파하는 것이 열광을 만들어 내는 화법의 메커니즘이다.

동기부여를 높여 주는 사람은 자신이 열광 한 것을 열광시킨다.

의욕을 끌어내는 정석, 행복을 그려라

동기부여를 높여 주는 사람은 목표를 통해 얻는 [   ] 을 말한다.

'의욕'이란 문자 그대로 '무엇을 하고자 하는 마음'이다. 무언가를 적극적으로 하려면 일정한 목표가 필요하다. 예를 들어, '대회 우승', '시험점수 80점', '매출 목표 달성', '프레젠테이션으로 계약 체결' 등 이루고자 하는 목표가 존재해야 적극적인 의욕이 생긴다. 아무런 목표가 없는데 '의욕이 솟는다'는 것은 불가능하다.

회사에서는 목표를 '미션'이라고 한다. 리더는 팀원들에게 명확한 미션을 부여해 팀원들의 의욕을 끌어낸다. 하지만 여기에는 함정이 있다. 사람은 목표만으론 마음이 동요되지 않는다.

'100만 개 판매!'라는 미션을 보고 심장의 두근거림을 느끼는 사람도 있을 테지만 '그저 숫자일 뿐' 하며 냉소적인 모습을 보이는 사람도 있다. '전년 대비 200% 성장!'이라는 목표 달성에 진지하게 도전하는 사람도 있지만, 목표 달성에 의미를 부여하지 않는 사람도 있다.

사실 목표의 내용 그 자체는 뭐가 되든 상관없다. **중요한 것은 목표 자체가 아닌 목표를 통해 얻을 수 있는 '행복'인 것**이다. 가령 아침에 일어나는 걸 힘들어하는 사람이 있다고 하자. 6시 기상을 목표로 정했는데 좀처럼 일어나지 못한다. 그런데 '내일은 오키나와 여행을 가야 하니까 6시 기상!'으로 조건이 바뀌니 너무나 쉽게 일어났다. 설레는 마음이 있기 때문이다. 공부를 싫어하면서도 '좋아하는 친구와 같은 대학에 가야지'라는 목표 때문에 밤샘 공부를 이어가기도 한다. 화장실 청소를 하면 금전운이 좋아진다는 말을 듣고 해 봤더니, 진짜 효과가 있었다면 그 사람은 아무리 귀찮아도 화장실 청소를 계속하게 될 것이다.

목표를 달성했을 때 행복한 보상이 주어진다면 우리는 그 목표가 무엇이든 간에 해내고자 하는 적극적인 의지가 생기게 된다. 한 수강생의 아들은 게임 스테이지를 클리어할 때까지 게임을 멈추지 않고 계속했다. 부모는 '아이가 게임만 해서 걱정이야!' 하는 속상한 마음이 있었지만, 생각을 바꿔 '될 때까지 계속하는' 자세를 칭찬해

226

주기로 했다. 그러자 신기한 일이 벌어졌다. 전에는 놀이터 정글짐의 꼭대기에 오르다 말고 중간에 포기해 버리던 아이였는데, 어느 날은 해가 지도록 '한 번만 더!', '한 번만 더!'를 외치며 계속 도전을 하더라는 것이다. 그 아이는 게임을 좋아했던 게 아니라 클리어할 때마다 느끼는 성취감을 즐겼던 것이다. 이는 소중한 재능이다. 어른이 돼서도 힘든 고비를 넘기는 것에 기쁨을 느끼게 될 것이다.

회사의 목표를 달성하고 안정된 수입을 보장받는 것에 행복을 느끼는 사람도 있다. 고객이나 부서 직원들과 교류하며 유대감을 쌓는 것에 행복을 느끼는 사람도 있다. 결과물의 완성을 통해 자신이 성장한 것에 행복을 느끼는 사람도 있다. 마음속 깊숙한 곳에는 각자 다른 생각들이 자리하고 있다. 무엇에 행복을 느끼는지 관심을 기울이는 것부터 시작해 보길 바란다.

상대방의 행복을 파악한다. → 목표를 부여한다. → 달성했을 때 상대방이 느낄 행복을 그린다.

이것이 바로 의욕을 끌어내는 정석이다. 당신이 소중하게 생각하는 사람은 무엇에 행복을 느끼는가?

동기부여를 높여 주는 사람은 목표를 통해 얻는 행복 을 말한다.

쉽게 명언을 만들 수 있는 두 가지 방법

3

동기부여를 높여 주는 사람은 [   ] **을 명언으로 만들어 낸다.**

내가 강사 일을 막 시작했을 때 자주 했던 실수가 있다. 누군가 했던 말을 그대로 재연한 것이다. 어디선가 들어본 듯한 말들과 유명인들의 말들을 인용해 마치 내 생각인 양 전달했더니 청자들은 별 감흥을 못 느끼는 듯했다. 그때 한 선배가 "너 그 경험 안 했잖아." 하면서 정곡을 찌르는 일침을 날리는 것이었다.

듣는 사람은 바로 알 수 있다. 진정성이 있는 말인지 아닌지를….

자신의 에피소드에서 우러나온 말이어야 청자에게 울림을 주고, 명언이 된다. '나는 명언도, 경험도 내게는 없어'라고 생각하는 사람이 있다면 안심해도 된다. 쉽게 명언을 만들 수 있는 두 가지 방법이 있다.

① 경험을 강조하는 반전

· 빨리 가고 싶으면 혼자 가라. 멀리 가고 싶으면 함께 가라.

(아프리카의 속담)

· 인생은 가까이서 보면 비극이지만 멀리서 보면 희극이다.

(채플린 명언)

하고 싶은 말을 극적으로 강조하기 위해 앞부분과 '반대'되는 상황을 뒤에 넣었다. 대단한 내용이 아니어도 된다. 그보다는 자신의 경험인지가 중요하다.

당신에게도 인생의 모토가 되어 주는 말들이 있을 것이다. 예를 들어, '감사를 표현하자', '인사는 씩씩하게', '약속을 지키자' 등. 지극히 평범한 말이더라도 앞부분에 반전을 주면 느낌이 확 달라진다.

· 세상에 당연한 건 하나도 없다. 모든 것에 감사해야 한다.

· 무시는 직장에 병을 가져오고, 인사는 건강을 가져온다.

· 배신을 당하면 슬프다. 약속을 지켜 주면 기쁘다.

② 경험의 개념화

개념이란 사물에 대한 보편적인 관념을 의미한다. **자기의 경험을 통해 '얻은 메시지'를 찾아내는 것.** 이것이 바로 '경험의 개념화'다.

나의 경우는 다른 사람을 웃게 하거나, 다른 사람의 말을 들으며 웃는 것을 좋아한다. 어렸을 적 아홉 명이 사는 북적북적한 집에서 실없는 농담을 주고받으며 웃고 떠들었던 경험들 때문에 그런 것 같다. 그런 환경에 익숙해진 탓인지 작은 실수를 하면 이상하게 웃음부터 나오고, 영화가 재미없어도 어떻게든 웃긴 부분을 찾아내려는 본능이 작동된다. 누군가가 망가져 가며 웃음을 주면 반드시 리액션으로 보답해야 마음이 놓인다. 그 리액션이 모두를 얼어붙게 만들어도 그것조차 나는 재밌어서 웃는다.

이런 경험을 통해 얻은 메시지는 '재미있게 살자'다. 예를 들어 '실패'에 대한 명언을 만들고 싶다면 나에게 실패란 무엇인지, 우선 실패한 경험을 떠올려 보는 것이다. 그다음 '경험을 통해 얻은 메시지'를 생각해 본다. 분명한 실패였다. 그래도 배운 것이 많다. 오히려 실패했기에 지금의 내가 있는 것이다.

이를 통해 얻은 메시지는 **'그래, 실패란 실패에서 도망가는 것이다.'** 이런 식으로 경험을 **개념화**하면 된다. 위인의 말처럼 훌륭할 필요는 없다. 사람들은 대단한 스타의 말보다 가까운 사람이 해 주는 말에서 더 큰 울림을 받는다.

동기부여를 높여 주는 사람은 경험 **을 명언으로 만들어 낸다.**

스스로 행동하게 만드는
심리적 자극

4

동기부여를 높여 주는 사람은 상대방이 행동하고 싶도록 [   ] 를 축적한다.

마트에 가면 '안심 채소' 판매 코너가 있다. 생산자의 얼굴 사진과 함께 재배된 지역, 재배 방식 등을 기재해 농부의 정성 어린 손길과 생산 배경을 기재해 소비자가 안심하고 채소를 구매할 수 있도록 한 것이다. 이 방식은 채소만 진열했을 때보다 그 채소에 대한 인식과 이해가 깊어져 구매 의욕이 높아진다.

무언가를 인식하여 이해하는 심리적 활동을 **'인지'**라고 한다. 성인이 된 후 사찰을 순례하는 이들이 있다. 어릴 적에도 근처에 많은 사찰이 있었을 텐데 어른이 되고서야 좋아지는 이유는 뭘까? 이 또한 인지가 깊어졌기 때문이다. 사찰의 역사와 시대적 배경을 알게 되면서 매료되는 것이다. **'사람은 감정의 동요가 수반된 인지의 축적이 증가하면 저절로 행동하게 된다'**는 것이다.

영업 관련 연수를 하다 보면 '잘 안 팔려서 힘들다'는 말을 자주 듣는데, 대체로 그런 사람은 고객에게 제품 설명만을 해왔을 확률이 높다. 제품 설명은 기계적인 정보 전달일 뿐이다. 감정의 동요가 수반된 '인지'를 축적하지 않으면 구매 행동으로 이어지기가 어렵다.

그렇다면 감정 동요가 수반된 인지 축적을 위해서는 어떻게 해야 할까? 회사의 목표를 전달하고자 한다면 '이번 분기 목표는 내장객 100만 명!' 이렇게 수치만을 강조할 것이 아니라 '목표를 달성해야 하는 이유', '목표를 설정하게 된 배경', '달성 방법' 등 마트 '안심 채소' 생산자의 사례와 마찬가지로 의도와 배경을 설명하여 직원들의 인지를 축적해야 한다. 따라서 고객의 심리를 자극하는 정보가 무엇인지를 생각해야 한다.

한 수강생이 "우리 아이가 공부를 너무 안 하는데 어떡하죠?"라며 상담을 요청한 적이 있었다. 그때 나는 "왜 공부를 잘했으면 하나요?"라고 질문했다. 그랬더니 '어릴 적 본인이 공부하지 않은 것에 대한 후회', '자기 잠재력을 충분히 발휘해 주길 바라는 마음', '후회 없는 삶을 살았으면 하는 마음' 등 절실한 이야기를 들려주었다. 그래서 내가 "그 말을 아이에게 한 적이 있나요?"라고 물었더니 "아니요."라는 대답이 돌아왔다. 상대방의 마음을 움직일 만큼 충분히 전달하지 않은 것이다.

상대방의 마음이 움직일 수 있도록 심리를 자극하는 '인지'를 축적해야 한다는 것을 반드시 기억했으면 한다. 물론 인지의 축적은 그 내용도 중요하지만, 우선 **의도와 배경을 상대방에게 정확하게 전달해야** 한다.

어떤 내용에 상대방이 반응하는지를 살피면서 조금씩 다듬고 채워 가자.

'프레젠테이션으로 상대방의 행동을 바꾸겠다'라거나 '부하직원을 움직이게 하는 비법'과 같은 말을 아직도 하는 이들을 보면 안타까운 생각이 든다. 상대방이 그것을 눈치채는 순간, 마음을 굳게 닫고 다시는 열어 주려 하지 않을 것이다.

사람들은 스스로 결정하고 싶어 한다. **우리가 할 수 있는 것은 상대방이 행동하고 싶도록 도와주는** 일이다. 당사자가 행동하도록 만드는 것이 아닌 자발적으로 하고 싶게 해야 한다. 이를 위해 자신의 신념을 진지하게 전달하고, 심리를 자극하는 인지의 축적을 늘려

나가자. 그것이 상대방의 마음을 움직이고 행동으로 이어지는 중요한 발걸음이 될 것이다.

동기부여를 높여 주는 사람은 상대방이 행동하고 싶도록 인지 **를 축적한다.**

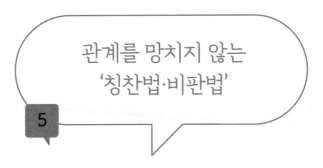

관계를 망치지 않는
'칭찬법·비판법'

5

동기부여를 높여 주는 사람은 [   ]를 바탕으로 칭찬하거나 비판한다.

당신과 상대방의 유대감을 공고하게 하는 '칭찬법·비판법'에 대해 알아보자.

나에게 가장 큰 애정을 보여준 사람은 누구인가? 부모님, 상사, 선배, 학교 선생님 등 여러 사람이 떠오를 것이다. 그렇다면 그들은 당신을 어떻게 혼내고, 어떻게 칭찬했는가? 특별히 기억나는 장면이 있는가?

나의 경우는 고등학교 시절 담임선생님이 그랬다. 내가 간절히 원하던 진로를 포기하려 했을 때 담임선생님은 "도망가지 마!" 하시며 눈물이 쏙 빠지도록 호되게 꾸짖으셨고, 시험점수가 오르면 나의 볼을 꼬집어 가며 칭찬을 아끼지 않으셨다. 자만에 빠져 공부가 소홀해지면 또다시 혼쭐을 내 주신 덕에, 공부를 썩 잘하지도 못했던 내가 반에서 1등을 할 정도로 많은 변화가 있었다.

흔히 '잘되게 하려면 칭찬해야 한다', '혼내야 한다'는 논쟁이 불붙기도 하는데, 그 어느 쪽이어도 상관없다. **문제는 그 기저에 '기대감'이 깔려 있느냐다.** 기대하는 마음이 있기에 칭찬도 하고 혼도 낸다. 그 기대감이 상대방에게 잘 전달만 된다면 혼이 나도, 칭찬을 받아도 성장하게 된다.

기대하는 마음을 전할 때 사용하는 스킬이 **아이 메시지**I-massage다. 아이 메시지의 I는 '나'다. '나는 이렇게 생각한다', '나는 이렇게 느낀다'라는 나의 마음을 말하는 전달법이다.

칭찬할 때는 '열심히 공부를 해줘서 (나는) 너무 기뻐', '이걸 해내는 ○○ 씨는 정말 능력 있다고 (나는) 생각해', '당신이 있어 줘서 (나는) 참 행복해' 등의 표현법이다.

비판할 때는 '당신은 더 잘할 수 있는 사람이라고 (나는) 믿어', '여기서 포기하다니 (나는) 너무 안타까워요', '이런 일 따위로 무너질 사람이 아니라는 거 (저는) 잘 알고 있어요' 등의 표현법이다. 이처럼 주어를 '나'로 바꾸면 기대감이 훨씬 잘 전달된다.

반면 최악의 화법은 You-message, **'당신 때문에' 전달법**이다.

"좋은 학교에 못 가면, 좋은 직장을 가질 수 없을 거야. 이건 너를 <u>위해</u> 하는 소리야."라고 말하는 순간, "그건 엄마가 주변에 자랑하고 싶어서 그런 거잖아." 하며 아이의 감정은 엉뚱한 방향으로 튀게 된다.

상사에게 "이런 일도 못 하면 앞으로 어떻게 하려고 그래."라는 소리를 들은 직원은 '가르쳐주지도 않았으면서', '본인이 하기 싫으니까, 나한테 이러는 거 아니야?'라는 말을 속으로 외치고 있을 것이다.

"○○ 씨가 이번 일을 하게 되면 앞으로 더 도약할 수 있으리라 (나는) 믿어!" 이것이 바로 기대감을 바탕에 둔 아이 메시지다. 'YOU'를 위하는 말을 'I'로 표현하는 발상의 전환이다.

누구나 기대받는 사람이 되고 싶다. 나에게 기대하는 사람이 아무도 없다면 나의 존재 가치는 무의미하다고 느껴질 것이다. 그래서 아이 메시지로 표현해야 한다. 사람은 애정 어린 관심을 받으면 강인해진다. 당신에게 소중한 사람이라면 기대하는 마음을 담아 진심으로 조언하고, 진심으로 칭찬해 주자.

동기부여를 높여 주는 사람은 [기대] 를 바탕으로 칭찬하거나
비판한다.

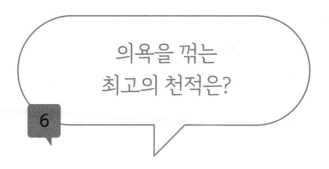

의욕을 꺾는
최고의 천적은?

6

**동기부여를 높여 주는 사람은 [   ]와 싸울 수 있도록
전력을 다해 지원한다.**

'영업실적을 올리고 싶지만, 영업하는 건 귀찮아.'

'승진하고 싶지만, 책임이 커지는 건 싫어.'

'책도 읽고 공부도 열심히 하고 싶은데 유튜브가 너무 재밌어.'

이렇게 의욕을 꺾는 목소리와 싸워본 적이 있는가? 자신의 내면
의 목소리들이다.

나도 그렇다. 해야 할 일이 남았는데 '내일 해도 되겠지' 하면서
미루거나, 자기 전 단 음식은 피해야 하는데 '오늘 하루만' 하면서

먹어 버리며 내면의 목소리와 싸우다가 자주 지곤 한다.

의욕을 꺾는 최고의 천적은 자신의 목소리가 아닐까 싶다. 말 그대로 '적은 내부에' 있다. 따라서 당신이 누군가의 동기를 유발하고 싶다면, 상대방이 '자신의 목소리'와 싸워서 이길 수 있도록 전력을 다해 도와야 한다. 투병 중인 사람에게 '기운 내!'라는 말을 계속해도 동기부여가 되지 않는다. 기운을 차리려고 노력 중인데, 아무리 해도 잘 안되는 사정도 있는 것이다. 중요한 것은 **'상대방이 어떤 내면의 소리와 싸우고 있는지'를 알고** 도와줘야 한다.

① 돕기

영업실적을 올리는 것도, 기획서를 작성하는 것도, 공부하는 것도 그들에겐 기본적으로 모두 귀찮은 일들이다. 그렇지만 어깨동무하면서 발맞춰 걸어줄 사람이 옆에 있다면, 의욕이 조금은 살아날 것이다. 중요한 것은 '응원'이 아니라 영업 열심히 해'가 아니라, '같이 열심히 해 보자'인 것이다. 혼자서는 엄두가 나지 않는 철봉 연습도 친구와 함께라면 힘을 낼 수 있다. 그야말로 '함께', '같이'는 '의욕'의 원천이다.

② 인정하기

무언가에 도전한다는 것 자체가 대단한 일이다. 그 자세를 인정해 주어야 한다. '힘들어도 발전하려는 모습이 너무 대단해 보여', '어떻게든 해 보려는 거잖아. 역시 최고야', '그 자세 정말 본받고 싶어' 등의 대화 방식이다. 사람은 인정받으면 인정 욕구가 충족되면서 전진할 용기가 생긴다.

③ 전망하기

'○○ 씨니까 할 수 있는 일이라고 생각해', '○○ 씨라면 반드시 할 수 있어', '괜찮아! ○○에게는 그럴 능력이 있어'와 같이 앞날을 내다보고 성공한 모습을 이야기해 준다. 자신감이 없어지는 건 미래의 모습이 보이지 않기 때문이다. 도착점을 알게 되는 순간, 그의 얼굴에는 뚜렷한 변화가 생길 것이다.

상대방의 동기부여를 높여 주고자 '파이팅', '도망가지 마', '집중해' 하면서 격려해도 그에겐 아무런 도움이 되지 않는다. 필요한 것은 동반자다. **'너와 함께한다'**라는 마음이 상대방의 사기를 높여 줄 **것**이다.

동기부여를 높여 주는 사람은 자신의 목소리 **와 싸울 수 있도록 전력을 다해 지원한다.**

상대의 마음을 사로잡는 '경청법'

제9장

The art of
conversation

재미없는 이야기에도 귀를 쫑긋하는 경청법

1

경청을 잘하는 사람은 흥미가 아닌 ☐ 을 갖는다.

'상대방의 이야기를 잘 들으려면 상대방의 말에 흥미를 느껴야 한다'라는 말이 스피치 교재에 자주 등장한다. 그런데 경청 전문가인 내게도 흥미라는 게 그리 쉽게 생기지는 않는다.

흥미의 한자 '흥興'은 열중하다, 유쾌하게 보낸다는 의미를 담고 있다. 이는 단추만 누르면 바로 생기는 감정이 아니다. 하지만 대인 관계에서는 흥미가 없어도 경청해야만 하는 상황이 종종 생긴다. 아니 오히려 대부분의 경우가 그렇다.

결론부터 말하자면, 흥미가 없는 이야기를 들을 때는 **'흥미가 아**

닌 호기심'을 가져야 한다는 것이다. '호기심'이란 새롭고 신기한 것을 좋아하거나 모르는 것을 알고 싶어 하는 마음이다. 호기심은 어린아이의 영혼과도 같다. '왜?', '어째서?'라는 질문을 끊임없이 쏟아내며 매사에 호기심을 가지다 보면, 호기심은 서서히 흥미로 발전해 간다. 급한 마음에 흥미를 느끼려고 애쓰다 보면 좌절될 수 있다. 우선은 호기심을 가지고 모르는 것을 천천히 알아 가자. 새롭고 신기한 것을 알게 되면 지식도 늘고 이야깃거리도 채워진다.

그럼 구체적으로 어떻게 해야 할까. '호기심을 가지고 경청하는 방법'을 단계별로 알아보자.

스텝① 환경 설정

상대방의 대화에 집중할 수밖에 없는 환경을 조성한다. 구체적으로는 상대방의 말을 들을 때는 휴대전화나 PC를 보지 말고 그를 정면으로 주시하며 이야기를 듣는다. 그의 말 이외의 정보는 최대한 차단한다.

스텝② 질문

흥미가 없어도 간단한 질문을 한다. 역사에 흥미가 없더라도 "왜 조선의 역사를 탐구하게 되었나요?", "어쩌다 흥미를 가지게 되신 거예요?" 등의 질문을 한다.

'왜', '어쩌다'는 그야말로 호기심을 충족시키는 질문이다. 호기심을 가지고 질문을 하면 몰랐던 정보를 얻을 수 있다. 그렇게 정보가 늘어나면 진짜 흥미를 갖게 될 수 있다.

스텝③ 피드백

흥미가 생겼다면 이제 나의 생각과 의견을 전달하는 단계다.

> A: "요새 사우나에 빠졌어요."
>
> B: "어쩌다 사우나에 빠지셨어요?"
>
> A: "땀을 빼고 탕에 들어가는 것을 서너 번 반복하면 몸이 개운해지더라고요."
>
> B: "그렇군요, 저도 한번 해봐야겠어요." (피드백)

질문하고 답을 듣고 피드백한다. 그리고 또다시 질문. 마치 밀푀유처럼 대화를 겹겹이 쌓아가면 된다. 이런 중층적 프로세스가 진짜 흥미로 발전되게끔 만든다.

질문하면 상대방은 이야기를 들어줘서 행복하고, 나는 지식이 늘어 행복해진다. 다른 사람의 이야기를 경청하는 건 자신의 성장과도 직결된다.

호기심이란 사물을 탐구하고 싶은 근원적인 마음이다. 상대방의 이야기를 들을 때는 호기심을 장착하자.

경청을 잘하는 사람은 흥미가 아닌 호기심 을 갖는다.

계속 말하게 만드는 리액션

경청을 잘하는 사람은 내용이 아닌 [   ]에 반응한다.

말을 잘 들어 주는 사람의 '뛰어난 리액션 능력'을 보고 있으면 절로 박수가 나오게 된다. 리액션에 무심한 사람과 비교하면 그 차이는 더 두드러진다. '리액션'이란 상대방의 말을 들을 때 고개를 끄덕이거나, 미소를 짓거나, 공감하는 표정을 짓는 등의 반사적으로 나오는 행동이나 말을 뜻한다. 상대방이 하는 말에 '그렇구나', '멋지다!', '대단하다!'라고 추임새를 넣거나 고개를 끄덕이는 행위는 매우 중요하다.

그런데 소통의 고수는 거기에서 한 단계 더 들어간다. **상대방이**

말한 내용이 아닌 '감정'에 반응하는 것이다. '무슨 내용의 말인지' 보다는 '말하는 게 즐거워 보여', '말을 더 하고 싶어 하네', '이 이야기를 좋아하네', '이번 화제는 지겨워하는 거 같아', '다른 대화로 넘어가고 싶은가 봐', '약간 짜증이 올라오기 시작했나 봐', '이 이야기가 싫은가 봐'와 같이 감정에 반응하는 것이다. 또 상대방이 **즐겁게 이야기하면 나도 즐겁게 듣고, 슬퍼 보이면 같이 슬퍼해 주고, 괴로워 보이면 고통을 공유**한다. 리액션의 대상은 내용이 아닌 상대방의 '감정'이어야 한다.

수년 전 말로만 듣던 '경청의 고수!'를 만난 적이 있었다. CEO인 선배가 긴자에 있는 고급 술집에 데려갔을 때의 일이다. 술집 주인이 선배와 대화하는데, 선배가 즐거워 보이면 즐거운 표정을, 진지해 보이면 같이 진지한 표정을 지었다. 표정이 시시각각 바뀌는 게 정말 신기했다. 가게 조명을 켰다 껐다 하는 게 아닌지 의심될 정도로 분위기가 확확 달라졌다. **상대방의 감정에 따라 자신의 표정을 의도적으로 바꾸었다.** 그곳이 꽤 고가의 술집인데도 언제나 만원인 이유를 알 것만 같았다. 말하고 싶게 만드는 리액션계의 최고 고수를 만난 듯한 기분이었다.

상대방이 워낙에 무표정하거나 감정 없이 말하는 유형이라면 감정을 파악하기가 어려울 수 있다. 그럴 때 나는 다음과 같이 느낀 그대로를 질문한다.

> "이 이야기를 잘 아시네요? 좋아하시나 봐요?."
> "힘드셨을 거 같은데 어떠셨어요?"
> "이 이야기는 여기까지만 할까요?"

감정을 읽을 수 없다고 해서 감정이 없는 것은 아니다. 감정의 상태를 물어보면 '맞아요', '힘들기보다는 슬펐어요', '아니요. 관심 있어요'라고 말해 준다. 상대방의 감정을 100% 이해할 수는 없어도, 감정을 이해해 보려는 노력은 할 수 있다. 듣는 사람의 의지에 달려 있기 때문이다. 상대방의 감정에 맞는 적절한 리액션도 커뮤니케이션 능력 중에서 중요한 부분을 차지한다.

경청을 잘하는 사람은 내용이 아닌 | 감정 | 에 반응한다.

> ## 나도 모르게 본심을
> ## 말하게 되는 마법의 단어
>
> **3**

경청을 잘하는 사람은 '　　　　'를 붙여 본심을 끄집어낸다.

평소에 '상대방의 생각을 알고 싶다'고 느낀 적이 있는가? 영업사원이라면 '고객님이 뭘 힘들어하는지 알고 싶다', 상사라면 '부하의 진짜 고민은 뭘까', 부부나 연인들도 상대방의 마음이 궁금해질 때가 있다.

아직 그렇게 친하지도 않은데 속에 있는 고민을 모조리 말해 주는 고객은 없다. 부하직원은 자신의 솔직한 심정을 상사에게 드러내지 않고 숨긴다. 감정을 솔직하게 표현하지 못하는 관계는 거리가 좁혀지기가 힘들다.

솔직한 속내를 자연스럽게 끄집어내고 싶을 때는 '혹시'(=추측)를 사용하면 좋다. 흔히 드라마에서 '혹시, 너 좋아하는 사람 있는 거 아니야?'라고 떠보면 '무슨 소리야, 없어!' 하면서 당황하는 장면이 나온다. **사람은 추측하는 말에는 반응을 하게 된다**는 것이다.

연수원에 멋진 수트를 차려입고 매번 나타나는 남성분이 있었다. 완벽하게 슬림한 체형의 그분에게 "혹시 몸무게가 50킬로대인가요?"라고 물었더니, "아니요. 이래 봬도 65킬로나 나가요."라고 답했다. 사람은 추측하는 질문에는 자신의 체중조차도 쉽게 대답해 준다.

이를 심리학에서는 '인지적 불협화'라고 부른다. 인지적 불협화란 **'자기 안에서 모순된 인지를 동시에 품은 상태가 되면 사람은 불쾌감을 느끼고, 이를 해소하고 싶어 한다'**는 심리 이론이다. 틀린 추측을 그대로 두면 마음이 찜찜해진다는 것이다.

부하직원에게 "직장에서 힘든 일 없어?"라고 물어도 솔직히 대답하지 않을 가능성이 크다. 그럴 때는 이렇게 질문하면 좋다.

"혹시 지금 업무가 너무 많아 힘들지 않아?"

"혹시 ○○기획 건 말이야, 방법을 몰라 손을 못 대고 있는 건 아니야?"

그러면 "맞아요. 실은⋯." 하며 솔직하게 이야기를 털어놓게 될지도 모른다. 만약에 "아니요."라고 했다면 "어려운 일이라 걱정돼서⋯. 무슨 일 있으면 언제든 말해 줘."라고 한마디 덧붙여 본다. 그러면 "실은요⋯." 하면서 그제야 솔직하게 털어놓을 수도 있다.

'혹시'는 속내를 맞추기 위해 떠보는 말이 아니다. **하나의 추측을 테이블 위에 꺼내 놓고, 상대방이 말하기 편하게 유도하기 위한 목적으로 '혹시'를 사용하는 것**이다. 따라서 상대방의 마음을 정확하게 추측하지 않아도 된다.

솔직한 마음을 공유하면 마음의 거리가 좁혀진다. 속마음을 알고 상대방을 서포트하면 그도 만족한다. 추측을 통해 그의 마음을 헤아려 돈독한 관계를 구축해 보자.

경청을 잘하는 사람은 ' 혹시 '를 붙여 본심을 끄집어낸다.

경청을 잘하는 사람은 칭찬 [   ], 반복 [   ], 감정적 호응을 [   ] 듣는다.

우리 학원에는 100명의 강사가 활동하고 있는데 전국 각지에 있는 수강생들과 1대1 카운슬링 프로그램을 운영하고 있다. 소요 시간은 60분으로 그중 대부분의 시간을 수강생의 말을 듣는 데 할애한다. 가급적 조언도 자제한다. 그런데 카운슬링이 끝나면 신기한 일이 벌어진다.

수강생들이 '이제 용기가 생겼어요!', '부족한 점이 무엇인지 깨달았어요!', '바로 실천하겠습니다!' 하면서 매우 액티브한 말들을 전한다.

말을 듣기만 했는데 왜 그럴까? 물론 막연하게 듣고만 있었던 건 아니다. 이때 약간의 테크닉이 들어간다. 테크닉이란 바로 3종의 '~하면서 듣기'다.

① 칭찬하면서 듣기

"어떻게 그렇게 잘 아세요?"

"어쩌면 그렇게 행동이 빠르세요?"

"어떻게 생각이 그리 깊을 수 있죠?"

이런 질문을 받으면 상대방은 칭찬받았다고 인식하게 된다. '예쁘세요'가 아니라 '아름다운 미모를 유지하는 비결이 뭔가요?'라고 물어보는 식이다. 사람은 자기 이야기를 할 때 '쾌락 신경호르몬'인 도파민이 분비된다고 한다. 칭찬하면서 이야기를 들어 주면 상대방은 더 많은 이야기를 꺼내 놓게 된다. 이것이 상대방을 액티브하게 만드는 스위치가 된다.

② 반복하면서 듣기

A: "지난주에 이사를 왔어요."

B: "아, 이사를 오셨군요?"

앞에서도 다뤘듯이, 상대방이 한 말을 그대로 반복하는 것을 '앵무새 효과'라고 한다. 이 경우에도 단순하게 반복만 하는 것이 아니다. **'상대방이 반복해 주었으면 하는 곳을 반복하는'** 것이 포인트다. 가령 '최근 바빠서 책을 통 읽지 못했어요'라고 한다면, 당신은 어느 부분을 반복할 것 같은가? '많이 바쁘시군요'인가, 아니면 '책을 못 읽으셨군요'인가?

정답은 '상황에 따라 다르다'이다. 어디에 방점을 두느냐는 상대방의 분위기, 표정, 말투에 따라 달라진다. 관건은 상대방이 어느 부분을 건드려 주길 바라고 있느냐다. 목소리 톤의 변화나 표정의 변화를 유심히 살피며 그것을 알아차려야 한다.

사람은 공감받으면 행복해진다. 행복도 상대방을 액티브하게 만드는 요소다.

③감정적 호응을 하면서 듣기

놀랐을 때,　 "우와~!　+ 엄청난 사건이네요."

감명받았을 때, "이야~!　+ 상당히 심도 있는 이야기네요."

공감할 때,　 "아하~!　+ 그렇군요."

이해를 표할 때, "아~!　+ 그것 참 힘드셨겠어요."

이렇게 감정을 담아 말하면, 상대방은 자신이 이해받은 느낌이 들어 '결코 나는 혼자가 아니야'라고 생각하게 되는데, 이것이 삶의 원동력이 된다.

액티브란 적극적·능동적이라는 뜻이다. 상대방을 액티브하게 하는 '~하면서 듣기'가 상대방에게 엄청난 에너지가 되어줄 것이다. 꼭 한번 시도해 보기 바란다.

경청을 잘하는 사람은 칭찬 하면서 **, 반복** 하면서 **, 감정적 호응을** 하면서 **듣는다.**

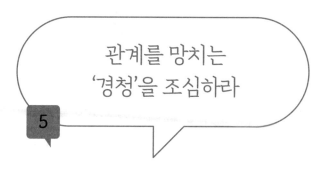

관계를 망치는
'경청'을 조심하라

5

경청을 잘하는 사람은 조언을 [　　　]로 바꾼다.

다음은 관계가 멀어지는 경청법으로 이러한 듣기를 조심해야
한다.

① 말 흘려듣기
상대방의 말을 흘려듣거나, 듣는 척하거나, 무시하는 경우다.

② 말 자르기
아직 이야기가 끝나지 않았는데 '무슨 말을 하고 싶은 거야', '그

런 말은 들어본 적이 없어', '아니, 그게 아니라' 등 상대방의 말을 중간에 끊어 버리는 행동이다.

흘려듣기, 자르기 둘 다 상대방의 말을 듣지 않는 것이다. 절대로 해서는 안 되는 행동임을 우리는 이미 잘 알고 있다. 이 외에도 제3자의 위험한 경청 방식이 있다. 예를 들면 다음과 같다.

A: "진학해야 할지, 취업해야 할지 고민이에요."
B: "우선 하고 싶은 게 무엇인지부터 생각해야지."

B가 적절하게 조언했는데도, 상대방의 표정이 어두울 때가 있다. 상대방은 조언을 듣고 싶어서라기보다는 이야기를 하고 싶은 마음이 컸기 때문이다.

A: "회의 시간에 발표하는 것이 두려워요."
B: "조금 더 자신 있게 해 봐. 실수는 누구나 하는 거니까."
A: "아… 네…."

이 경우에도 상대방은 자신의 상황을 말하고 싶은 마음이 더 큰 **것이다. 즉, 무턱대고 조언부터 하는 것도 상대방 이야기를 듣지 않**

았다는 말이 된다. 흘려듣기, 자르기와 다를 바가 없다. 의외로 많은 사람이 저지르는 실수다. 물론 진지하게 물어오니 조언을 해 줘야 한다는 생각이 드는 건 당연하지만, 정작 상대방은 조언을 바라는 게 아닐 수 있다는 사실을 명심하자. 조언을 해 주고 싶은 마음을 꾹 참아야 한다.

그럴 때 사용하면 좋은 것이 **'혼잣말'**이다. "어떻게 하면 좋을까요?"라고 물어보면, '그러게, 어떻게 해야 좋을까'라고 혼잣말로 중얼거린다. **조언하지도 말고, 묵언하지도 말고, '어떻게 하면 좋을 거 같은데?' 하면서 역질문도 하지 말자.** 상대방과 함께 고민하는 자세를 보여야 한다.

기다리면 상대방은 더 깊숙한 이야기를 반드시 털어놓게 된다. 왜냐하면 혼자서 끙끙 끌어안고 있던 문제를 같이 고민해 주는 사람이 나타났기 때문이다. 무장 해제되어 이야기를 줄줄 풀어놓을 것이다.

'그러게 고민이다', '나라면 어땠을까' 하면서 상대방과 머리를 맞대고 그 문제를 생각하자. 그랬는데도 조언을 구하면, 그때야 비로소 '나라면 이랬을 거 같아', '이렇게 해 보면 좋을 거 같아' 하면서 조언을 해 주면 된다.

찬찬히 상대방의 말에 귀를 기울이지 않으면, 그에게 '내 이야기를 들어주지 않았어'라는 나쁜 감정만이 남게 될 것이다. 잘됐으면 하는 마음에 해 준 조언이 오히려 독이 되어, '듣지는 않고 일방적인 가치관을 강요하는 사람'으로 낙인찍히는 결과를 초래할 수도 있다.

조언하고 싶을 때는 혼잣말을 하자. 시간을 두고 상대방 말에만 귀를 기울이는 여유를 보이자. 바다와 같이 넓은 마음을 가진 사람에게 사람들은 모이게 마련이다.

경청을 잘하는 사람은 조언을 혼잣말 로 바꾼다.

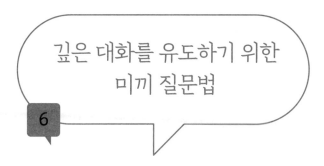

깊은 대화를 유도하기 위한
미끼 질문법

6

경청을 잘하는 사람은 깊이 들어가기 전에 ☐ **을 보낸다.**

잡담 같은 스몰토크로 친목을 다지는 것도 좋지만, 조금 더 깊은 대화를 나누고 싶을 때가 있다. 연애 상대를 깊이 알고 싶거나, 상사가 부하를 이해하고 싶을 때도 그렇다. 하지만 노골적으로 물어보면 '경계할 거 같은데', '싫어하면 어쩌지', '왜 물어보냐고 하면 어쩌지' 이런 걱정들로 결국 물어보지 못하는 경우가 있다.

이럴 때 쓸 수 있는 묘약은, **'지금부터 깊숙한 대화를 하고 싶다' 는 시그널을 보내는 것이다.** 갑자기 깊은 이야기를 물어오면 누구나 당황할 것이다. 그 전에 '시그널'을 보내면 충격을 완화할 수 있다. 이 시그널이란 다음과 같다.

"뭘 좀 물어봐도 될까요?"
"여쭤보고 싶은 게 있는데요."

이렇게 말한 후에 "어떤 일을 하시나요?", "혹시 사람들 앞에서 말하는 일을 하지 않으세요?"와 같이 궁금했던 것을 물어보는 것이다. 불쑥 "직업이 뭐예요?"라고 묻는 것보다는 '이제부터 질문할게요'라는 시그널이 있어야 상대방도 마음의 준비를 할 수 있다.

"물어보고 싶은 게 있었는데요."라고 운을 뗀 후라면 "어떤 타입을 좋아하세요?"라는 질문도 덜 어색하게 할 수 있다. '뭐야, 고작 그거야' 싶을 수 있지만 고작 이런 것들이 큰 차이를 만든다. 사람은 궁금한 건 바로 물어봐야 직성이 풀리기 때문에 시그널을 생략한 채 질문부터 던져버리는 경우가 많다.

예를 들면, 상사가 부하직원에게 "어이, 지금 표정이 안 좋은데 무슨 일 있어?"라고 가차 없이 물어보는 경우가 그렇다. 이런 경우도 "걱정돼서 그러는데….."라고 상사가 먼저 시그널을 보낸다면 부하는 '왜 그러시지?' 하며 마음의 준비를 할 수 있게 된다. 그러고 나서 "표정이 안 좋은데 무슨 일 있어?"라고 질문하는 게 대화가 훨씬 수월해진다. 다짜고짜 핵심으로 가기보다는 사전에 시그널을 보내는 편이 상대방은 안심하고 답할 수 있다.

부하직원에게 10년 후에 뭘 하고 있을 것 같은지를 물어보고 싶은 경우, 다음과 같이 2단계에 걸쳐 시그널을 보낸다.

> 상사: "물어보고 싶은 게 있는데, 해도 될까?" (시그널1)
>
> 직원: "네, 뭔가요?"
>
> 상사: "대답하기 싫으면 안 해도 돼." (시그널2)
>
> 직원: "네."
>
> 상사: "10년 후에 뭘 하고 있을 거 같은가?" (질문)

갑자기 무거운 주제의 질문을 던지기보다는 미리 시그널을 보내면 상대방에 대한 배려심이 느껴진다. 또한 상대방도 무슨 말일지 궁금해할 수 있고 궁금하다는 건 질문을 허용한다는 의미가 된다. 그러면 깊숙한 대화로 이어질 수 있다.

잡담만 하는 가벼운 관계에 머무느냐, 진솔한 대화를 나누는 관계로 발전하느냐의 갈림길에서 새로운 길로 갈 수 있게 도와주는 것이 '시그널'이다.

경청을 잘하는 사람은 깊이 들어가기 전에 시그널 을 보낸다.

마음을 무장 해제시키고
말문을 여는 대화법

7

경청을 잘하는 사람은 웃기기보다는 ☐.

'당신은 사람을 잘 웃기는 편인가? 잘 웃어 주는 편인가?'

기발한 발상으로 배꼽을 잡게 하거나, 타이밍 좋게 농담을 던져 웃음바다로 만들거나, 누굴 만나도 현장을 삽시간에 웃음으로 물들이는 능력자들은 정말 대단한 것 같다.

그런데 **경청을 잘 하는 사람이 되려면 후자의 '잘 웃어 주는' 편이** 훨씬 효과적이다. 왜냐하면 사람에게는 '안전에 대한 욕구'가 있기 때문이다. 우리는 위험으로부터 몸을 지키고 안전하고 안심할 수 있는 삶을 추구하는데, 사람은 웃음을 통해 안전함과 안정감을 느낀다고 한다. 거실에서 깔깔거리며 TV를 보다가 갑자기 싸움을 시작하는 가족은 없을 것이다. 친구와 장난치며 웃다가 갑자기 '돈 갚아!' 하면서 시비를 거는 일도 없을 것이다.

안심, 안전한 상황은 사람의 마음을 무장 해제시키고 말문을 열게 한다. 웃는 얼굴과 웃음을 실제 대화에 적용하려면 다음과 같은 방법을 사용하면 된다.

<대화 초반>
"○○ 씨~! 오랜만이에요." 하며 이미 웃는 얼굴을 하고 있다.

<대화 도중>
"재밌다!", "이상해.", "웃겨!", "아~즐거워!"라며 말로 즐거움을 표현한다.

<대화가 무르익으면>
손뼉 치며 웃기, 배꼽 잡고 웃기, 몸 비틀며 웃기 등 동작으로 즐거움을 표현한다.

<헤어질 때>
"아~재밌었어!", "정신없이 웃다 보니 시간이 훌쩍 지났네!", "다

음에 또 재밌는 이야기 들려주세요."라며 즐거웠다는 말을 남긴다.

즐거운 마음을 표현하는 방법은 표정 외에도 말, 동작 등 다양하다.

살면서 인생이 마냥 재미있지만은 않겠지만 힘든 일들도 '지금의 쓰라린 경험이 훗날 나에게 어떤 재미를 안겨줄까'라는 긍정의 마음으로 이겨나갈 수 있다면, '그때는 참 힘들었지~' 하면서 웃으면서 말할 수 있는 날이 반드시 올 것이다.

경청을 잘하는 사람은 웃기기보다는 웃는다 .

빗장을 풀고 대화를 끌어내는 '질문법'

제10장

The art of
conversation

'질문을 해 주었으면' 하는 질문을 던져라

질문을 잘하는 사람은 상대방의 〔　　　〕을 향한 질문을 한다.

대화를 끌어내는 질문 중에는 '좋은 질문'과 '나쁜 질문'이 있다. 한마디로 말하자면 **좋은 질문은 '답하고 싶은 질문'**이고, **나쁜 질문은 '답하기 곤란한 질문'**이다.

자기가 좋아하는 것, 관심 있어 하는 것을 물어보면 하고 싶은 말이 많아진다. 반대로 '결혼은 왜 아직 안 하나요?'라는 질문을 받으면 뭐라고 대답해야 할지 몰라 난감해진다. 또 자신과 아무런 상관없는 질문을 계속 받아도 난처하다.

대화를 끌어내는 전문가 하면 제일 먼저 떠오르는 사람이 인터뷰어다. 나는 지금까지 감사하게도 각종 잡지와 매체 취재를 통해 '비즈니스 퍼슨의 말하는 법'에 관한 다양한 정보를 전달해 왔다. 역시나 매일 취재를 하는 사람은 말을 끌어내는 역량이 남달라서 예정 시간을 훌쩍 넘겨 말하는 경우가 허다했다.

대부분의 사람이 '내심 물어봐 주었으면 하는 질문'이 있다. '내면'을 향한 질문이 그렇다. **내면이란 '가치관', '사고방식', '집착', '철학', '동기', '배경' 등을 말한다.** 예를 들어 '지금까지 어떤 업종에서 일했나요?'를 물어야 할 때, 대화를 끌어내지 못하는 사람은 이 질문만 던지고 끝을 낸다. 반면에 대화를 잘 끌어내는 사람은 그 질문 외에도 "왜 그 업계에 도전하려 했나요?"라는 동기도 같이 묻는다. 일하게 된 동기에 그 사람의 가치관과 생각이 내재되어 있음을 알기 때문이다.

세련된 넥타이를 맨 사람에게 "명품점에서 샀어요?"라고 묻기보다는 "넥타이가 멋있어요! 넥타이는 그날 컨디션에 따라 바꿔 매나요?"라고 그 사람의 개인적 취향에 관한 질문을 하는 편이 대화가 잘 풀린다. **내면을 향한 질문은 그 사람이 아니면 대답할 수 없기** 때문이다. '그 누구도 아닌 오직 당신의 이야기를 듣고 싶어'라는 상대방의 인정 욕구를 충족시키는 질문이라면 누구든 기쁘게 답해 줄 것이다.

부하직원이 작성한 형편없는 기획안을 지적해야 할 때도 "왜 이렇게 기획했지?"라고 묻는 것은 최악이다. 그의 내면을 바라보지 않았기 때문이다. **"어떤 생각으로 이 기획을 작성했지?"가 내면을 향한 질문이다.** 이후 그에 대한 답변을 듣고 조언을 하는 게 좋다. 다짜고짜 지적부터 시작하면 직원의 의욕은 나락으로 떨어질 것이다.

상대방의 내면을 향한 질문은 다음 세 가지의 키워드를 사용하면 좋다.

'어떤 마음으로?'

'무슨 생각으로?'

'어떤 계기로?'

아주 조금만 질문을 달리하면 된다. 비결을 알고 싶어 질문한 "어떻게 하면 프레젠테이션을 잘할 수 있나요?"라는 질문도 명료하고 전혀 문제가 없어 보이지만 실은 '답하기가 참 애매한 질문'이다. 좋은 질문은,

"어떤 마음으로 프레젠테이션을 하나요?"

"무슨 생각으로 프레젠테이션을 짜나요?"

"어떤 계기로 프레젠테이션을 잘하게 되었나요?"

이처럼 그 사람의 경험을 물어보는 것이다. 체험담이라면 질문받은 사람도 쉽게 답할 수 있다. 최고의 커뮤니케이터는 언제나 상대방의 마음을 살피며 말하고, 상대방이 말하고 싶은 질문을 찾아낸다.

질문을 잘하는 사람은 상대방의 　내면　 을 향한 질문을 한다.

대화의 맥을 이어주는 풍성한 질문의 단어들

2

질문을 잘하는 사람은 [   ]를 사용해 대화를 끌어낸다.

좋은 배우자를 만나기 위해 스피치 수업을 청강하는 이도 있다. 그들이 맞선자리에서 대화가 자꾸 끊기는 이유는 '직업이 뭐예요?', '취미가 뭔가요?', '출신이 어디세요?'. '휴일에는 뭐 하세요?'와 같이 다음 질문을 생각하는 데만 온통 정신이 팔려있기 때문이다. 이처럼 '뭘 물어보지?'에 몰두하면 상대방 이야기에 집중할 수 없고, 상대방도 그 사실을 눈치채게 된다. 대화를 잘해 보려고 애써 한 질문이, 오히려 그 자리의 분위기를 얼어붙게 만드는 것이다.

'다음은 이 질문을', '이 질문 다음에는'처럼 많은 질문을 생각하

지 않아도, 상대방 이야기에 말 한 스푼만 얹어도 대화를 이어갈 수
있다.

그 역할을 담당하는 것은 **'연결어'**다. 연결어란 문자 그대로 대화
를 유기적으로 연결해 주는 표현이다. 상대방이 말한 후에 한마디
만 추가하는 것이다. 몇 가지 예를 들어보자.

순접: 앞뒤 문장을 순조롭게 잇는 말 「그러니까」

"그러니까 ○○라는 말이죠?"

"그러니까 앞으로는 ○○을 목표로 하시는 건가요?"

심층: 계기를 찾는 말 「왜/어째서」

"○○을 좋아하나 봐요. 왜 ○○을 좋아하게 되었나요?"

"왜 ○○에 관심이 생겼나요?"

추진: 대화를 진전시키는 말 「그리고/그래서」

"○○라니! 그래서 어떻게 되었나요?"

"그리고 어떻게 됐어요?"

구체: 대화를 명확하게 하는 말 「구체적으로는/예를 들어」

"우와! ○○이었던 건가요! 구체적으로 무슨 일이 있었는데요?"

"예를 들어 어떤 게 그렇죠?"

전환: 다른 대화로 바꾸는 말「그밖에는/그런데」

"○○이었던 거군요. 그것 말고는 어떤 게 있었나요?"

"그런데 ○○는 안 한 건가요?"

대비: 서로 맞대어 비교하는 말「아니면/혹시 그건」

"혹시 그건 ○○와는 다른 건가요?"

"아니면 ○○이었나요?"

질문을 원활하게 하는 단어는 풍부한 연결어들이다. 대화를 잘 이어가는 사람은 좋은 질문을 많이 가지고 있어서가 아니라 상대방이 즐겁게 말할 수 있도록 길을 닦아준다.

'자신이 하고 싶은 질문'에서 '상대방이 말하고 싶은 질문'으로, 상대방을 위해 자신의 기준을 바꿀 수 있는 사람이 풍요로운 대화와 친밀한 관계를 구축할 수 있다.

질문을 잘하는 사람은 연결어 를 사용해 대화를 끌어낸다.

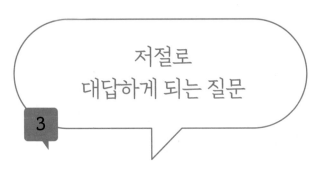

저절로
대답하게 되는 질문

3

질문을 잘하는 사람은 답하고 싶은 [   ] 을 만들어 질문한다.

아무리 질문이 중요하다지만 '왜?', '어째서?', '언제?', '누가?'와 같이 질문을 끊임없이 퍼붓는다면 상대방은 숨이 턱 막혀 말할 의욕조차 사라질 것이다. 대답하고 싶어지는 질문은 질문의 내용보다는 질문하는 '방식'에 더 많이 좌우된다. 포인트는 질문하기 전에 '추임새'를 넣는 것이다. 쉽게 할 수 있는 세 가지를 소개한다.

① 상대방을 인정하고 질문한다.

"○○ 씨에게 꼭 여쭤보고 싶은데요."

"○○ 씨니까 가능한 질문인데요."

"이건 ○○ 씨만이 할 수 있는 대답인데요."

이 문장에는 '다른 사람이 아닌 당신의 이야기를 듣고 싶다'는 메시지가 담겨있다. '누구든 상관없지만, 우선 ○○ 씨의 의견을 들어보겠습니다'와는 하늘과 땅 차이다. 거기에 '○○ 씨'라는 이름을 넣어주면 더욱 특별함이 가중된다. 누구든 인정받으면 기분이 좋아져서 대답하고 싶어진다.

② 상대방의 행동을 언급하고 질문한다.

"○○ 씨는 무슨 일이 있어도 마감을 지키잖아요. 비결이 있으세요?"

"○○ 씨는 회의마다 가장 먼저 발언하는데, 연습하면 할 수 있는 건가요?"

"○○ 씨가 조금 전 바닥에 떨어진 쓰레기를 줍는 걸 봤어요. 다들 모르고 지나가던데, 늘 의식하는 건가요?"

구체적인 행동을 콕 집어 언급해 주면, 평소 본인의 행동을 유심히 지켜보고 해 준 질문에 대답하는 것이 보람되게 느껴진다.

나는 인터뷰를 자주 하는데, "왜 비즈니스 스피치 학원을 창업하셨나요?"라는 질문보다는 "기류柵生 씨는 원래 인재 파견회사에 근무했다고 들었습니다. 그 후에 보이스 트레이닝 회사로 이직하셨고, 그러고 나서 지금의 비즈니스 스피치 학원을 창업하셨다고 들었는데 왜 비즈니스 스피치 학원을 창업하게 되셨나요?"라는 질문에 더 대답해 주고 싶어진다. 이러한 질문은 상대에 대한 조사를 철저히 한 질문에 대한 열의가 느껴지기 때문이다. 이런 감동이 대답하고 싶은 마음을 유발한다.

③ 상대방이 부담스럽지 않게 질문한다

"혹시 의견이 있으면 말씀해 주시기를 바랍니다."

"뭐든지 상관없으니."

"○○ 씨의 개인적 소견도 괜찮습니다."

무작정 "의견 있나요?"라고 물으면 '정확하지 않은데 어쩌지'라는 부담감 때문에 쉽게 입을 열 수 없다. **'혹시', '뭐든지', '개인적 의견'과 같이 정답이 아니어도 된다는 뉘앙스의 단어를 넣어 주면** 대답하는 데 부담이 크게 준다.

지금까지 세 가지 방법을 소개하였다. 질문 앞에 몇 마디를 보태주면 긴장감이 완화된다. 질문을 잘하는 사람은 상대방이 대답하기 쉬운 분위기 조성을 위해 최선을 다한다. 인터뷰가 능숙한 사람은 이러한 요소들을 잘 숙지하고 있다.

질문을 잘하는 사람은 답하고 싶은 ⟨상황⟩을 만들어 질문한다.

단번에 상대의 요구사항 100% 파악하기

4

질문을 잘하는 사람은 '⬚⬚⬚⬚ 질문'으로 큰 그림을 그린다.

상사나 고객의 의뢰를 받고 '지시대로 했는데도 고객이 불만스러워 보였어', '최선을 다해서 했는데 처음부터 다시 해달래' 등 이런 경험을 한 적이 있는가? 왜 이런 일이 일어날까? 이는 상대방이 요구 사항을 자세하게 말해 주지 않았기 때문일 수 있다.

예를 들어 상사가 지시할 때 "신주쿠新宿에 있는 ○○라는 음식점에 ○○코스를 ○○시~○○시까지 예약하고, 가격대는….." 이렇게 말해 주지 않는다.

"야마타山田 상사와의 저녁 식사는 코스 요리로 예약 부탁해."라고 지시한다. 알아서 잘할 거라는 생각 때문이다. 그렇지만 말해 주지 않으면 알 수 없는 것들투성이다. 따라서 의뢰받을 때 질문을 잘해야 좋은 결과를 낼 수 있다. **적확한 질문만으로도 상대방의 요구 사항을 100% 파악할 수** 있다. 그러면 다시 하는 일도 줄고, 고품질의 아웃풋으로 상대방의 만족도를 높일 수 있다.

따라서 단번에 상대방의 요구 사항을 100% 파악하는 '만다라曼茶羅, Mandala질문'을 소개하겠다. 오타니 쇼헤이(LA 다저스) 선수가 사용해서 화제가 된 목표 설정 시트가 '만다라 차트'다. 만다라 차트란 바둑판무늬의 빈칸에 아이디어를 채워 가고, 그 실현에 필요한 항목을 도식화하면서 정리하는 시트를 말한다. 상대방의 요구를 파악할 때도 만다라 차트를 활용할 수 있다. '학습 앱 기획서를 작성하라'는 의뢰를 받았을 때를 예로 순서를 설명하겠다.

STEP① 3×3, 9칸을 그리고 '의뢰 내용'을 적는다.

의뢰 내용을 듣기 전에 준비하는 작업이다.

노트에 9칸을 만들고, 가운데에는 의뢰 내용을 적는다.

STEP② 각 칸에 질문할 항목을 적는다.

첫째 줄: 업무의 '목적', 수치화된 '목표', '기한' 등 본질적인 내용을 적는다.

둘째 줄: '누가', '누구에게' 제출하는 것인지를 명확하게 적는다.

셋째 줄: 구체적인 내용을 적는다. '디테일'에는 상세한 의뢰 내용을, '리소스'에는 비용 및 인원 등의 자원을, '우선순위'에는 다른 안건에 비해 중요도가 어느 정도 높은가를 판단하여 적는다.

STEP③ 상대방에게 질문하면서 채워간다.

의뢰 내용을 실제로 듣는 작업이다. 빈칸 안에 내용을 다 넣을 수 없다면 노트 오른쪽 페이지를 활용하여 내용을 기재한다. 왼쪽 페이지는 만다라 질문을, 오른쪽 페이지에는 추가 내용을 적는다.

노트에 9칸을 그리고 항목을 정리하는 것이 처음에는 귀찮을 수 있다. 그러나 같은 안건을 몇 번이고 수정하고, 다시 하는 일이 반복되는 것은 전체를 보지 못하기 때문이다. 전체를 보지 못하면 놓치는 부분이 늘 생길 수밖에 없다.

만다라 질문을 사용하면 '무슨 질문을 놓쳤지?', '어느 부분을 확인하지 않았지?', '어떤 내용에 대한 정보가 부족했지?' 등을 단번에 파악할 수 있다. 만다라 질문으로 의뢰 내용의 방향성을 잡고, 내용을 채워 가면 단번에 100%의 요구 사항을 파악할 수 있다.

목적	목표	기한
'통근 학습'이라는 새로운 교육방식 제안	학습 앱을 1,000명에게 시험적으로 도입	8월 17일(금) 오전 중
누가	**'학습 앱' 기획서 작성**	**누구에게**
내가 작성		다나카 부장님에게 제출
디테일	**리소스**	**우선순위**
❶콘텐츠는 필수 ❷설계도 작성	❶초기비용 350만 ❷내가 책임 담당자이며 새 부서에서 작성	❶높은 수준 ❷다른 안건과 조율이 필요한 경우에는 부장님에게 상담

질문을 잘하는 사람은 ' 만다라 질문'으로 큰 그림을 그린다.

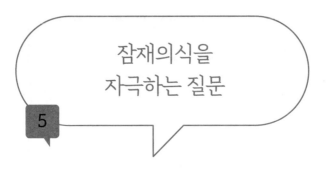

잠재의식을
자극하는 질문

5

질문을 잘하는 사람은 말을 ☐ 하여 상대방의 능력을 끌어 낸다.

사람은 자신의 약점은 잘 알지만, 강점에 대해서는 잘 모르는 경우가 많다. 자신의 약점은 바로 감지된다. 자기분석을 할 때도 대부분 자신의 강점보다는 약점에 대한 지적을 많이 한다. 따라서 상대방의 강점을 찾아주는 '질문 능력'이 중요하다. 이때 '당신의 강점은 뭐예요?'라고 있는 그대로 물으면 답변을 듣기가 쉽지 않을 것이다. 따라서 좀 더 **상대방의 잠재의식을 자극하는 질문을 해야 한다.** '잠재의식'이란 아직 본인조차도 자각하지 못한 의식을 말한다.

우리 회사는 연간 2천 회 이상의 전달력 있는 말하기 강연회를 개최하고 있는데, 그중에서도 가장 많이 고민하는 내용이 '사람들 앞에서 말하는 게 힘들다'는 것이다. 수강생의 80%가 사람들 앞에서 말하는 게 어렵다고 한다. 사람들 앞에만 서면 긴장이 되어 말문이 막히고, 머리가 하얘진다는 것이다.

그럴 때 제일 먼저 내가 해 주는 말이 뭘까? '차분하게 말하는 방법', '긴장을 푸는 기술', '자신감 있게 말하는 방법'이 아니다. 사람들 앞에서 **'어떻게 말해야 잘했다고 생각하는지'**에 대한 각자의 **'성공의 정의'**에 대해 제일 먼저 물어본다. 이는 사람마다 다르다.

- 토씨 하나 틀리지 않고 정확하게 전달했다면 성공
- 프레젠테이션 결과가 판매로 이어졌다면 성공
- 자기소개를 마치고 '명함을 받을 수 있을까요?'라는 소리를 들었다면 성공

성공을 어떻게 정의하느냐에 따라 '그래, 긴장을 많이 해도 정확하게 정보만 전달한다면 성공인 거야. 정확하게 전달하는 건 잘하니까' 하고 자신의 강점을 인식하게 된다. 정의해 보면 새로운 것이 보인다.

이직하는 면접 자리에서 "당신의 강점은 뭔가요?"라는 질문에 대

답을 잘하지 못했다는 수강생이 있었다. 그 수강생과 나눈 내용을 소개한다.

나: "당신이 생각하는 '강점'은 무엇인가요?"

수강생: "누구에게도 지지 않는다고 해야 할까요?"

나: "그렇군요. ○○ 씨가 남들보다 열심히 하려고 의식하는 것은 무엇인가요?"

수강생: "상대방을 기쁘게 하는 일일지도 모르겠습니다."

나: "훌륭하시네요! 그를 위해 실천하고 있는 뭔가가 있나요?"

수강생: "글쎄요, 제가 먼저 인사를 하고, 이야기를 잘 들어주려고 노력하고…. 참, 컴플레인 대응을 잘하는 편입니다."

이처럼 말로 '정의'해 보면 뇌 깊은 곳에 잠들어 있던 '그러고 보니'를 깨울 수 있다.

'커뮤니케이션이란 서로를 알아가는 것'이라고 정의하자, '그동안 커뮤니케이션을 어렵게만 여겨왔는데, **내가 무엇을 좋아하는지 알려주고, 상대방이 무엇을 좋아하는지 들어주는 거라면** 자신 있다'는 것을 깨닫고 대화에 적극적으로 임하게 되었다는 수강생이 있었다.

'참신함이란 지금 있는 것을 한 단계 더 편리하게 하는 것'이라고 정의하자, '그다지 혁신적이지 않아도 참신하다고 할 수 있구나'를 깨닫고 무려 500만 엔 고가의 시스템을 매달 5~6건씩 판매하게 되었다는 수강생도 있었다.

"행복의 정의가 '감사함'을 말할 수 있는 삶이라면, 나는 이미 아주 행복합니다."라고 말한 수강생도 있었다.

그야말로 '○○의 정의는?'은 상대방의 가치관을 일깨우는 질문이다.

질문을 잘하는 사람은 말을 　정의　 하여 상대방의 능력을 끌어낸다.

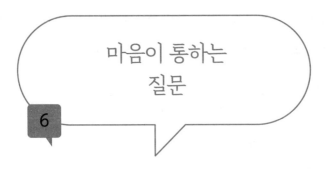

마음이 통하는
질문

6

질문을 잘하는 사람은 상대방의 감정을 [   ] 한다.

질문은 크게 세 종류로 나뉜다.

①자신이 모르는 것을 상대방에게 묻는 '자신을 위한 질문'

②상대방의 요구 및 가능성을 끌어내는 '상대방을 위한 질문'

③ '자신과 상대방을 연결하기 위한 질문'

상대방과의 거리가 가장 가까워질 때는 언제라고 생각하는가? 서
로 마음이 통할 때, 즉 '같은 감정을 공유할 때'다. 어려운 시기를

함께 보낸 친구와의 관계가 오래가거나, 힘든 경험을 같이할 때 급속도로 친해지는 것도 같은 이치다. 똑같은 감정을 공유했기 때문이다.

질문을 통해서도 상대방과 같은 감정을 공유할 수 있다. **상대방의 '감정'을 대변하는 질문**을 하는 경우가 그렇다.

<초급편>

"춥지 않으세요? 방 온도를 올려 드릴까요?"

"아침부터 릴레이 회의였는데 많이 지치셨죠?"

"긴급한 전화가 걸려 와서 푹 주무시지 못하셨죠?"

이런 말들은 질문의 형태를 하고는 있지만, 상대방의 기분을 대변하고 있다. 상대방은 '자신의 기분을 알아준다'고 느끼기 때문에 질문만으로도 마음의 거리를 좁힐 수 있다.

알만한 사람은 다 안다는 카운슬러의 대부 칼 로저스는 적극적 경청Active Listening의 첫 번째 원칙으로 **'공감적 이해'**를 꼽고 있다. **공감적 이해란 상대방의 입장에서 느끼고, 이해하려는** 자세다. 상대방의 마음을 대변하는 것 또한 공감이다. 공감이 나와 상대방을 연결하는 가교 역할을 한다.

<중급편>

"원래는 그다지 내키지 않으셨던 건 아닌가요?"

"혹시 말씀하시기 곤란한 일이 있으신가요?"

"솔직히 다른 하고 싶은 일이 있는 게 아닌가요?"

어떤가. '춥다', '덥다', '피곤하다', '건강하다'처럼 눈으로 보면 바로 확인할 수 있는 것과는 달리 상대방을 깊이 관찰해야지만 할 수 있는 질문들이다. 표정은 평소와 다르지 않은데, 눈빛에 기운이 없다거나, 목소리에 힘이 없다거나, 얼굴 각도가 약간 기운다거나, 이처럼 **미묘한 변화의 비언어적 요소를 포착**해야 한다.

<고급편>

"이런 게 있으면 좋겠다는 생각을 해 보신 적 있으시죠?"

"한 번쯤은 이런 경험이 있으셨죠?"

"이런 일이 생기면 큰 충격이겠죠?"

명연설가들은 대중 앞에서도 질문을 통해 청중의 마음을 대변하며 마음을 공유한다. 이를 '1인 질문'이라고 한다. 청자의 대답을 직접적으로 요구하는 건 아니지만, 청자의 마음속 목소리를 대변하는 질문을 던져 화자와 청자 간의 거리를 좁혀가는 방식이다.

질문에는 자신을 위해, 상대방을 위해, 그리고 앞에서 설명한 자신과 상대방을 연결하기 위한 질문이 있다. 견고하고 건강한 관계를 만들기 위해 이번에 소개한 상대방의 마음을 대변하는 질문을 적극적으로 활용하길 바란다.

질문을 잘하는 사람은 상대방의 감정을 [대변] 한다.

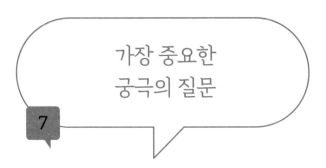

가장 중요한
궁극의 질문

7

질문을 잘하는 사람은 자신의 [   ]에 질문한다.

우리는 하루에도 많은 질문을 자기 자신에게 한다. '오늘은 몇 시에 집에서 나갈까?', '지하철을 몇 시에 타야 지각하지 않지?', '점심은 뭘 먹을까?' 머릿속에서 혼자 질문하고 답한다. 또 하나 주목할만한 것은 **우리는 '질문받은 것을 답변'하는 습성을 가지고 있다**는 것이다.

어릴 적 기억을 떠올려 보자. '이게 뭐야?'라는 질문에 대한 답을 들으며 지식을 배워 왔다. 학교 시험에서는 '1+1은 뭔가요?'라는 질문에 답하는 교육을 받았다. 평소에도 우리는 물어보고 답하는 방식으로 소통한다.

즉, 우리는 '질문→답'이 습관화되어 있다. 가령 '주말에 뭐 하지?'라는 생각을 하고, 친구와 놀러 가거나, 집에서 영화를 보거나, 헬스장에 가서 땀을 빼는 등 무엇이든 답을 찾기 위해 고민할 것이다.

하지만 '주말에 뭐 하지?' 정도의 질문이라면 괜찮은데, '왜 나는 재능이 없을까?', '왜 나만 되는 일이 없을까?' 이런 질문을 자신에게 던진다면? 뇌는 필사적으로 그 답을 찾으려 할 것이고, '유전이니까 어쩔 수 없어', '주변에서 도와주는 사람이 없으니까'와 같은 영양가 없는 답에 이르게 될 것이다. 질문하면 답하는 것이 공식처럼 우리 뇌에 입력되어 있으니 어쩔 수 없다.

그렇다면 다음과 같은 질문을 해 보면 어떨까. '어떻게 재능을 키울까?', '어떻게 하면 재능 없이 성공할 수 있을까?' 역시나 뇌는 필사적으로 이 질문에 대한 답을 내놓기 위해 작동할 것이다. 지금 당장 해답이 떠오르지 않더라도, '새로운 것에 도전해 보자', '그래! 옆부서 ○○에게 물어보자!'처럼 나중에 해법이 스치듯 떠오르기도 한다. 의식하고 있으면 정보가 들어오기 때문이다. **자신에게 어떤 질문을 하느냐에 따라 도출되는 답변에 큰 차이가 생긴다.**

어려운 상황에 직면할 때마다 '왜 항상 나만 이래?'라고 질문하는 사람은 그곳에서 벗어나지 못한다. '어떻게 해결할까?'라고 질문하는 사람은 해결책을 모색하며 헤쳐 간다. '누구에게 도와달라 하지?'라고 질문하는 사람은 도움이 되어줄 누군가를 발견할 것이다.

'어떤 사람이 되고 싶은가?'라고 질문하는 사람은 고민 끝에 자신의 이상적인 모습을 반드시 찾아낼 것이다. '어떤 사람이 되고 싶지 않은가?'라고 질문하는 사람은 해서는 안 되는 행동들을 떠올릴 것이다.

고민은 훌륭한 행위다. 희망을 버리지 않았다는 증거이기 때문이다. 그러니 최고의 대답을 찾기 위해서라도 훌륭한 질문을 자신에게 던지기 바란다. 자신에게 던진 질문의 수준에 따라 인생의 수준이 결정된다고 나는 확신한다.

질문을 잘하는 사람은 자신의 마음 에 질문한다.

당신의 말은 분명
누군가의 마음속에 남는다

나는 예전에 대화가 어려워 고생을 제법 많이 한 부류에 속한다. 이를 극복하고자 20대 시절 많은 책을 섭렵했다. 책에는 '웃으며 내가 먼저 말을 걸어요', '상대에게 관심을 두어라', '결론부터 말하자' 등 말하기 노하우를 알려준다. 하지만 '긴장해서 말이 안 나오면 어떡해?', '관심을 가지라는데 관심이 안 생기면?', '결론을 모르면 어떡해?'라는 것이 책을 읽은 나의 솔직한 심정이었다.

스피치 강의에서는 '하고 싶은 말이 있으면, 상대방의 의견을 먼저 들어줘야 한다'라고 배웠다. 하지만 '들어주고 나서는 뭘 해야 하지?'라는 답답함이 있었다.

대화에 관한 고민이더라도 그 내용은 사람마다 천차만별이다. 나는 '이런 사례는 어떻게 해결해야 하지? 답을 찾아볼 수 있는 사전

같은 게 있으면 좋을 텐데….'라는 생각을 진지하게 했었다.

그 후 20년이 지났다. 말하는 방법을 연구해 대화 울렁증을 극복한 나는 과거의 나와 같이 말하기 문제로 고민하는 사람들에게 도움이 되고자, 10년 전에 '전달력 있는 말하기'를 전문으로 한 비즈니스 스피치 학원을 설립했다. 그리고 만반의 준비 끝에 대화가 막혔을 때 유용한 사전을 개발하게 되었다. 그게 바로 이 책이다.

'20년 전의 나의 바람을 내 스스로 이루다니!' 뿌듯한 기분도 들었지만 누구보다도 대화로 고생한 나였기에, 대화에 힘들어하는 이들을 위한 책을 만들 수 있었다고 생각한다.

말을 잘하게 되는 유일한 방법은 실제로 말해 보는 것이다. 아무리 읽고 공부해도 실제로 말해 보지 않으면 늘지 않는다. 따라서 최대한 실전에서 활용할 수 있도록 카테고리별로 나누어 핵심적인 내용만을 간추려 정리하였다.

뭔가를 행동으로 옮기면 실수도 생긴다. 그래도 그곳에서만 얻을 수 있는 배움이 있다. 그러니 조금씩이라도 앞을 보며 도전해 보길 바란다. 그런 마음으로 이 책을 썼다.

지위도 명예도 죽으면 그만이다. 하지만 당신의 말은 분명 누군

가의 마음속에 남을 것이다. 당신의 말이 누군가의 인생을 풍요롭
게 하고, 그 행복이 널리 널리 전파되기를 진심으로 기원한다.